自民党改憲案にどう向きあうか

目次

JN141976

第1部 そもそも憲法とは？

第2部 自衛隊の憲法明記で何が変わるか

第3部 その他の改憲で何が変わるか

第4部　憲法改正国民投票ってなんだ

第5部　改憲は自分に関係ないと思っているあなたへ

イラスト／千光一

はじめに

2018年3月10日、日本の観光名所でもある「東京スカイツリー」は特別の白い光でライトアップされました。1945年3月10日の東京大空襲では、2時間の空襲で10万人もの犠牲者が出ました。3月10日のライトアップは東京大空襲の犠牲者の追悼のための、特別のライトアップです。

東京スカイツリーでは9月1日にも同様なライトアップがされます。そのライトアップは関東大震災の犠牲者の追悼のためです。関東大震災では緊急事態条項と法的には同じような「行政戒厳」が発令されました。「行政戒厳」を根拠に、軍隊は朝鮮人や中国人を虐殺しました。関東大震災では「自警団」などによる虐殺とあわせて朝鮮人6000人以上、中国人700人以上が虐殺されました。

このように、過去の悲惨な出来事を風化させずに記憶にとどめ、二度と同じような悲劇を起こさないという営みはいたるところで行われています。そうした営みの最たるものが、「国の基本法」であり「最高法規」である「憲法」です。

かつての日本の権力者や軍が起こした「戦争」は一般民衆に未曾有(「みぞう」と読みます)の犠牲をもたらしたことから、日本国憲法では戦争や武力行使などを認めない、徹底した「平和主義」が採用されています。また、関東大震災の際の「行政戒厳」のような、緊急事態権限を権力者に認めたことが「個人の権利・自由」を踏みにじったという歴史的事実から、日本国憲法では緊急事態条項(国家緊急権)は明記されませんでした。

このように、「過去幾多の試練」(憲法97条)への反省、再び同じ過ちを繰り返さないという「営み」として、日本国憲法ではさまざま原理や規定が設けられています。

*

ところが安倍自民党は①自衛隊の憲法明記、②緊急事態条項の導入、③教育環境の整備、④参議院の合区解消という4項目を中心とする改憲作業を続けています。2018年3月25日に開催された自民党の党大会に先立ち、自民党憲法改正推進本部は改憲4項目の条文素案を作成しました。3月25日の党大会では2018年度運動方針の筆頭に改憲方針が示されました。2018年秋以降には改憲の国民投票が実施される可能性があります。こうした政治状況を見据え、自民党改憲条文素案やその方向性が有する問題を社会に提起するのが法の専門家としての社会的役割と考えて刊行したのが本書です。

まず最初に、沖縄だけではなく、日本の基地反対運動の象徴的存在である山城博治さんへのインタビューを掲載しています。安倍自民党が改憲の中でもっとも重視しているのが憲法9条です。そのため、米軍基地や自衛隊基地が集中し、改憲の影響が明確な形で現れる沖縄の現状とその展望を直視することは、改憲問題を考えるにあたっては必須と思われます。

次に本書第1部では、憲法の意味や原理、憲法改正の限界について解説しました。こうした項目を設けた理由は、執筆者が改憲問題に関する講演などの際にたびたび「先に憲法とは何かを簡単に説明してほしい」と要望されてきたためです。

第2部と第3部では、憲法改正が私たちの社会や日常生活にどのような影響を与えるかに着目しながら、多角的な観点から自民党改憲条文素案の問題点を説明しました。特に第2部は、現在の改憲問題で大きな焦点となっている自衛隊の憲法明記問題に特化しています。第4部では、国民投票や国民投票法(改憲手続法)の問題点を取り上げました。国民投票そのものの問題や国民投票法が主権者である国民の意思が適切に反映されるしくみになっているのかといった問題を紹介しています。

第5部では、「実際の影響」という視点からさらに改憲問題を掘り下げ、今後の対応策を提示しました。沖縄のように米軍や自衛隊が集中しているため、やはり改憲の影響を受ける北海道の状況とその展望を直視することも、改憲の是非を判断するのには必要と思われます。そもそも憲法を変えれば、その影響は沖縄や北海道の市民だけではなく、日本のすべての市民にも及びます。改憲問題を考えるに際しては、改憲後の状況を視野に入れる必要があります。そうした影響を見すえた上で、今後、私たちはどう対応すべきかを提示しました。

＊

憲法改正は私たちの世代だけではなく、子どもや孫の世代など、将来の世代にも大きな影響を及ぼします。将来の世代のためにも、憲法改正国民投票で意見を表明することになる私たち一人ひとりには、憲法改正に関する適切な知識を持ち、対応することが求められます。

以前に私たちは同じような問題意識から、『ピンポイントでわかる　自衛隊の明文改憲の論点』を刊行しました。この本とともに、本書が改憲問題に関する理解を深めるための一助になることを願って止みません。

2018年3月29日

世界中での武力行使を可能にする
「安保法制」施行2年目の日に

飯島滋明

インタビュー

沖縄平和運動センター議長
山城博治氏に聞く

戦争をしない、軍隊を持たないという憲法９条は世界の宝

聞き手：飯島滋明

沖縄には日本の米軍基地の約7割が集中しています。さらに辺野古や高江に新しい基地が作られようとしています。2018年4月8日、こうした新基地建設などに反対する運動のリーダー的存在である山城博治さんから、憲法改正に関する話を本書の編者の一人である飯島滋明が伺いました。この原稿は山城さんから伺った内容を飯島がまとめたものです。

プロフィール

山城博治（やましろ・ひろじ）

1952年、沖縄県具志川市（現うるま市）生まれ。沖縄県庁職員（駐留軍従業員対策事業、不発弾対策事業、税務などを担当）、全日本自治団体労働組合加盟の沖縄県関係職員連合労働組合（自治労沖縄県職労）副委員長を経て、沖縄平和運動センター議長。辺野古新基地や東村高江ヘリパッドの建設反対運動などに取組む。名護市辺野古の新基地建設や東村高江ヘリパッド建設に対する抗議活動をめぐり、威力業務妨害や公務執行妨害・傷害などの罪に問われた。2018年3月14日、那覇地裁は、不当にも有罪判決を下した。判決を不服として即時、控訴した。

2018年4月8日、
沖縄平和運動センターで飯島撮影

憲法９条への自衛隊明記について

――安倍内閣は憲法を変えようとしています。その中心は憲法9条ですが、このことについてどうお考えでしょうか？

日本政府が軍隊を持つ、そして沖縄に軍隊を置いて中国と対峙するというのが今の安倍政権の政治だと思いますが、実際にそうするためには憲法が邪魔になります。憲法９条を素直に読めば、戦争をしない、軍隊を持たないという内容になっています。自衛隊を明記する憲法改正は、こうした理念を変えてしまうことになります。戦争を是として軍隊を認めることになりますから、たいへんな問題だと思います。

戦争をしない、軍隊を持たないという憲法９条は世界の宝です。その理念を変えるべきではないと思います。なぜなら、日本がかつて起こした戦争への反省として今の憲法がある以上、それを見直すことは、世界にむけて「戦争国家になります」と発信することになります。日本の軍国主義によってたいへんな被害にあったアジアの近隣諸国の理解を得られないと思います。太平洋戦争の反省、あるいは明治以来の戦争の反省から、私は軍隊を持たない方が安全だと思います。

――沖縄戦での日本の軍隊の現実から「軍隊を持たない方が安全」と言われるのですね。

沖縄戦の歴史を知れば知るほど、軍隊が市民を犠牲にした、あるいは軍人すらも犠牲にした実態が明らかになります。日本の軍隊は住民を皆殺しにしても恥じることはありません。沖縄では当時50万人の県民の玉砕を命じても誰も責任をとりません。兵士の「命」をも「命」と思っていませんでした。兵士は１銭５厘のはがき１枚で徴兵されました。日本の軍隊は天皇国家のために命を投げ出すことを強制する、異常な軍隊、ファシズムの軍隊でした。沖縄の南風原（はえばる）の陸軍病院で3000名の傷病兵士が「青酸カリ」と「手榴弾」で自決を迫られたのはそうした例です。ガダルカナル島やブーゲンビル島などの太平洋戦争の激戦地では戦友の死肉を食べたといった、信じがたい話もあります。

沖縄戦での嘉数高台（かかずこうだい）での戦闘の際、私の父はまだ17歳でしたが、「防衛隊」に徴集され、爆弾を抱えて戦車の下に飛び込み、戦車ごと爆発する任務を命じられました。たくさんの少年たちがそうした任務で死にました。実際に35台の戦車を爆破したと記録されています。そういうことを日本の軍隊は平気でやってきたのです。沖縄で戦争のことを考えると「地獄」です。沖縄で生きのびていること自体が「奇跡」なのです。私の父も嘉数高台では無事でしたが、南部戦線に移動してから３発の貫通弾を受け、動けなくなって戦友からも捨てられて道端で３日間、生き絶え絶えの状態だったのを米軍に拾われて治療され、生き延びることができました。

沖縄戦の悲劇的な歴史から、私は憲法を変えて、再び戦争ができる国になることに反対します。国際社会の問題は国連を中心として国際協議の中で真摯な議論をすべきです。

緊急事態条項について

――自民党改憲条文素案にある「緊急事態条項」に関しては、どのようにお考えでしょうか？

憲法で言えば「緊急事態条項」の方が問題は大きいと思います。憲法９条は戦争をする・しないの骨子骨格を定めるものに対して、戦争の発動の内実が緊急事態条項の問題だと思います。

戦争を発動するためには、憲法で保障されている個人の権利や自由を止める必要が出てきます。そのための手段が「緊急事態条項」です。たとえば今の日本の社会では、おじいちゃんからの家と土地を私たちが引き継ぎ、さらに子どもや孫の世代も相続できます。これは憲法で「所有権」が保障されているからです。

しかし緊急事態条項が導入されれば、軍から「この土地は軍隊が徴用する」「土地から出て行きなさい」と言われることもあります。私たちが日常的に使っている道路も、有事になれば軍が「市民は使うな」「封鎖する」という必要が出ます。たとえば今、宮古島、石垣島、与那国島などでのミサイルの例を挙げると、大型トレーラーにミサイルを積んで海上にいる艦船にミサイルを発射するという計画があります。反撃されないためにトレーラーで移動し、トンネルなどに隠れたりするわけですが、そこに住民が動き回っていたのでは戦争はできません。そのために「外出禁止令」「道路封鎖令」が出されます。必要な物資は軍が没収する必要があります。学校の広場は集積場に使う、校舎は兵舎に利用するといったように、沖縄戦で実際に行われた「徴用」「徴収」を可能にする必要が出ます。しかし、憲法では「所有権」も「職業選択の自由」も「移動の自由」も保障されています。これらすべてを侵害しないと戦争にはなりません。だから有事の際に首相の権限を是とする緊急事態条項が必要になります。一つひとつの法律を改正していては手間がかかりすぎて戦争はできません。「緊急事態条項」で一斉に実施してしまう。恐ろしい条項だと思います。

――「市民への弾圧」という点ではどうでしょうか？　実際、安倍自公政権下の沖縄では、基地建設に反対する市民に対して警察や海上保安官が「法の支配」を守らずに女性や年配の人にすら暴力を振るい続けています。沖縄のこうした状況を考えた際、緊急事態条項は沖縄ではどのように使われるとお考えでしょうか？

戦争に反対する市民を弾圧するためにも緊急事態条項が使われると思います。実際に沖縄では、基地反対運動に関わっている市民が「公務執行妨害」や、道路を横切っただけでも「道路交通法違反」などの口実で逮捕されてきました。

緊急事態条項が設けられれば、基地建設や戦争に反対する市民への弾圧に拍車がかかると思われます。「1000人以上のデモを主導した者は、厳罰に処す」といった政令が出され、運動を萎縮させるために緊急事態条項が利用される可能性もあります。戦争の最前線は沖縄であり、そこで生じる市民の抵抗・反発運動を取り締まるため、真っ先に緊急事態条項が発動されるのは沖縄ということは、大げさでも言い過ぎでもないと思います。

私たちの今後の行動について

――山城さんと話をして感じるのは、「平和」に対する熱い思いです。日本の現状を踏まえ、平和実現のために私たちはどう行動したら良いとお考えでしょうか？

新たな基地を沖縄に作り、沖縄の軍事要塞化を進める安倍内閣、９条に限らず憲法を変えようとする安倍内閣の動きを止めなければなりません。そして、こうした運動で一番大切なのは、「希望」をもつことです。最近、アメリカ公民権運動の指導者であるマーチン・ルーサー・キングJrのテレビを観ました。1950年代、60年代のアメリカでは、Coloredと言われた黒人たちはバスにも乗せてもらえないといった差別を受けてきました。人間が人間を犬やモノ扱いする現実がありました。そうした状況の中、キングさんの「闇の中でこそ星は輝く」との言葉には心を打たれました。

いまの日本にも同じことが言えると思います。安倍内閣という「闇」の中にあるからこそ、私たちは「希望」を持つことが必要だと思います。いまの戦争内閣を倒さなければなりません。そしてこうした運動では、一か八かの勝負をかける闘いではなく、粘り強く闘うことが必要です。

私はアジア太平洋地域で戦後74年間、アメリカが作ってきた「軍事の要」である沖縄を「平和の要」に変えていきたいと考えています。沖縄の人たちは、王朝時代からアジアの平和の架け橋となっていたのに、日米の巨大な権力によってそうした歴史が捻じ曲げられ、戦争の拠点にされてしまいました。そうした思いもあり、基地反対運動をしています。

そして憲法を変えさせないという運動を強化することも大切です。安倍内閣は総力を挙げて戦争できる国づくりを進めていますが、私たちは希望を持ち、手をつないで戦争内閣と対峙する必要があります。そのためには、たとえば3000万人署名を集めること、さまざまな地域で改憲反対の運動を強化することが必要です。

（了）

第1部
憲法とはそもそも？

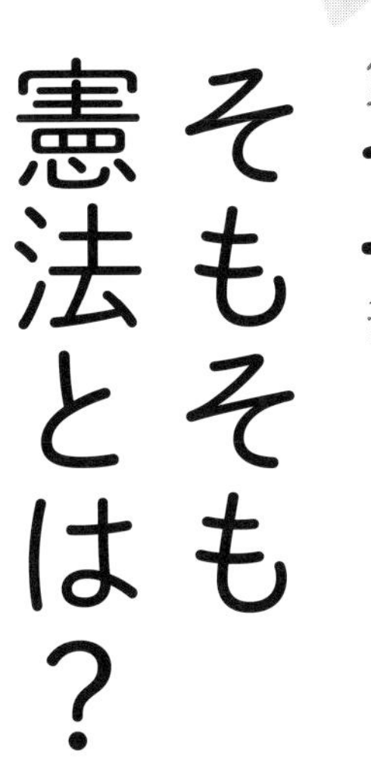

日本には憲法は1つしかないけれど、法律は山ほどあって、しかも毎年増え続けています。2つの違いはどこにあるのでしょうか。憲法は、法律を作る元となるルールです。たとえば、憲法は、国民とは誰か、家族とは何か、選挙はどう行われるかといったことは法律で決めてよいと定めています。それ以外にも、憲法の定める手続に従えば、たいていのことは法律で決められます。しかし、憲法に反する法律は作れません。女性を差別する家族のルールや、憲法9条の平和主義と矛盾するルールは法律として認められません。憲法の人権規定や憲法9条は法律が超えてはならない枠を定めています。このように、憲法は、法律を含めて国のルールの頂点に立つルールです。その理由はなぜなのか、もう一度考えてみましょう。（岩本一郎）

1

Q そもそも憲法ってなんですか？

A 私たちの社会の仕組みや一人ひとりを大切にするためのルールです。

憲法を考えるときの出発点は私であり、あなたです。

改憲条文素案に含まれる問題を理解するには、そもそも「憲法とはなんですか」という問いに答えておく必要があります。あなたは、この質問にどう答えるでしょうか。

憲法を考える上で、そのスタートは、私であり、あなたです。その本質において自由で平等な「個人」が最初の出発点です。私を形作るさまざまな肩書を分解して、最後に残る「もうこれ以上分けることのできない存在」としての私であり、あなたです。人格や個性をもった一人ひとりという意味が「個人」という言葉には含まれています。

しかし、私もあなたも、一人では生きていけません。お互いに助けあいながら生きていかざるを得ません。そのために、私たちは集団で生活するようになります。これが「社会」です。

数人規模の社会であれば、構成員が集まって、議論をしながら社会を運営していくことになるでしょう。しかし、社会が100人どころか数千人、数万人、1億を越える人々で構成されるとしたら、とてもじゃありませんが、皆で話し合うことはできません。誰かにこの社会の運営を託すほかありません。社会が大きくなればなるほ

ど、運営に要する力が必要になります。これが「(国家)権力」です。

この権力をどのように託すのかが問題です。構成員(主権者)が特定の人々に権力を委ねるときの約束事を決めたもの、それが「憲法」です。

一部に権力が集中すると、容易に構成員の自由が侵害されるため、権力を分けようという考え方が生まれました(権力分立)。その考えに基づいて、日本国憲法においても権力は、立法・行政・司法の3つに分けられています(三権分立)。

いま、改憲条文素案では、実力組織として「自衛隊」が明記されました。これにより、第4の権力組織が明記されることになります。「自衛」や「国防」という誰もが反対しにくい理由によって、私たちの自由や人権が侵害される可能性が強まるのです。

個人の尊重と三大原理

中学校の社会科や高校の公民科の授業で、日本国憲法の三大原理を習ったことを覚えていますか。「国民主権」、「基本的人権の尊重」そして「平和主義(戦争放棄)」の3つです。

では、どうしてこれらが日本国憲法の三大原理なのでしょうか。教科書に書いてあったから三大原理になるわけではありませんよね。

それは、先に述べたとおり、日本国憲法は、どこまでも「個人」を出発点にして考えているからです。つまり、一人ひとりの個人を大切にするということは、その「基本的人権を尊重」するということにほかなりません。その個人の基本的人権を尊重するために社会を作り、その運営を委ねたのですから、その社会を作った人々こそが主人公です。その社会を「国家」と呼び、その人々を「国民」と呼ぶので、「国民主権」というのです。そして、過去の悲惨な戦争体験から、人権を守るためには平和でなければならないという教訓を学び取りました。それを高らかに宣言したのが「平和主義」です。

国家は、個人とその人権を豊かにするためのシステムに過ぎません。国家をまもって個人の人権が侵害されるのでは、本末転倒と言わざるを得ないのです。

(池田賢太)

2

Q 憲法は好きなように変えられるのですか？

A 憲法の基本原理を否定する改憲はできません！

新憲法の制定と憲法の改正の違い

王様による独裁から人民による民主政へと政治の体制が大きく変わるような政治的な大事件が起これば、古い体制を支えていた憲法も通用しなくなります。当然、新しい国の体制には、それにふさわしい新しい憲法が必要です。このとき、新しい「国の設計図」となる憲法を一から作ることになります。憲法を制定しようとする人民には、さまざまなアイディアを憲法に盛り込む自由があります。新憲法の制定は、まっさらな土地に新しく家を建てるのと同じです。このような大事件が明治維新であり、アジア・太平洋戦争での日本の敗戦でした。

憲法が制定され政治の激動期が過ぎると、国民の生活にとっては、政治の安定が重要になります。とはいえ、社会状況や国際環境の大きな変化により憲法の規定が時代に合わなくなる場合もあります。そのために憲法には改正の手続に関する規定が置かれています。新憲法の制定には、あらかじめ決められた手続はありませんが、憲法改正は、憲法自身が定める手続に則って行われます。憲法を丸ごと取り替える改正が許されない点で、憲法改正は、家の新築ではなく、リフォームと言えるでしょう。

憲法改正の限界

日本国憲法96条は、憲法の改正手続を定めています（⇨第4部参照）。しかし、この改正手続を踏めば、現在の憲法をどのようにでも変えられるわけではありません。それぞれの憲法には、憲法を特徴づけている基本原理があり、その原理はそれぞれの憲法が制定された歴史的な背景を踏まえて理解されます。この基本原理を一変させるような憲法の改正は、もはや「改正」とは呼べません。

日本国憲法の場合、改正手続によっても変えることのできない3つの基本原理があります。最初の2つは、近代立憲主義から導かれるものです。第1は、国の権力の源は国民にあり、国の政治の根本にかかわる事柄を最後に決める力を持つのは国民であるという国民主権の原理です。憲法は前文で、この原理に違反する改正は無効であると宣言しています。

第2は、人権の保障です。国民が国を作る究極の目的は、人が生まれながら持っている人権の保障をより確実にすることです。当然、国が存在する理由である人権の保障を否定するような憲法の改正は許されません。人権は永久不可侵の権利であり、現在の国民が将来の国民から人権を奪うようなことがあってはなりません（97条）。

第3の原理は、とりわけ憲法9条で具体化されている平和主義です。平和主義は、戦前の軍国主義と侵略戦争への反省に基づいて掲げられたものであり、その基礎に平和的生存権という人権を捉えたことに大きな意義があります。このような意義を持つ平和主義を否定する改正は、憲法のアイデンティティーを大きく損なうため許されません。

自衛隊を明記する自民党の改憲条文素案は、歯止めのない集団的自衛権の行使を許容するものであり、平和主義の核にある戦争放棄と武力の行使の禁止および戦力の不保持と交戦権の否認（9条）に違反します（⇨第2部参照）。また、緊急事態条項は内閣に対して、国民の代表機関である国会のみが制定できる法律と同じ効力を持つ政令を発する可能性を残し、その場合には人権の制限も可能となります。この改憲条文素案も、国民主権と人権保障を大幅に後退させます（⇨第3部参照）。いずれも憲法改正の限界を超えると言えます。

（岩本一郎）

3

Q「基本的人権」ってなんですか？

A 人が人として生まれてくれば誰であっても当然にもっている権利のことです。

女性を追いつめたもの

2018年3月7日、春まだ浅い新潟。この地の裁判所において、自らが産んだ2人の子の命を奪った30歳の女性に対して一つの判決が下されました。

この女性は、母親の再婚相手の男性から13歳のときに強姦されて以来繰り返し性交を強いられ、15歳の時に出産したものの、義父との関係を母親に知られることをおそれ、産まれたばかりの赤ちゃんを殺害しました。その後も女性は妊娠と中絶を繰り返し、2014年、中絶手術の費用がなく義父にもその工面を断られた末、ついに2回目の乳児殺害に及びます。その後、良心の呵責に耐えられなくなった女性は警察に自首しました。

法廷において弁護側は情状酌量による減刑と執行猶予を求めるも、裁判所が下したのは懲役4年の実刑判決。裁判長は、女性が義父から性的虐待を受けてきたこと等を考慮しても「2件の殺人事件があるので実刑を選択するほかない」とし、最初の殺害についてはその責任を否定したものの、2回目の殺害については「被告人は当時すでに成人しており、手段を尽くして殺害を避けるべきだった」と結論づけました（以上、『産経ニュース』電子版2018年3月7日より）。

この話を聞いて、皆さんは何を思うでしょうか。2人の尊い命を奪うまでにこの女性を追いつめたもの、それは「国家権力」と、それを背景にした「家父長制権力」です。この女性は、自身の権利と尊厳を2回にわたって侵されました。1回目は義父によって、2回目は国家権力によってです。少し難しい言い方をすると、前者は今なお根強く日本社会に残存する男尊女卑的な考え方の下での権利侵害、後者はそのような社会の空気とそれを支える法制度を変えようとしない政府と国会、そしてそれらを追認した裁判所、すなわち国家権力による権利侵害です。つまり、この女性の心身を深く傷つけた性暴力は、家庭内という私的空間における暴力でありながら、同時に公権力による暴力でもあると言えるのです。

憲法が守る「基本的人権」とは

さて、日本国憲法13条は、すべての国民がありのままの「個人として尊重される」こと、とりわけその人格が尊重されることを保障しています。あわせて24条は「両性の本質的平等」と「個人の尊厳」、とりわけ女性の権利保障を謳っています。このように、さまざまな権力＝暴力からか弱い個の尊厳と権利を守る――これこそが憲法の目的です。そして、こうして守られる権利のことを「基本的人権」と呼びます。「基本的人権」は、人が人として生まれてくれば誰であっても当然にもっている権利です。そして、先述した女性は、まさにこのかけがえのない権利を侵されたのです。

ところで、憲法の規定は、第一には国や地方自治体などの公権力から基本的人権をまもることを想定しています。しかし、私たちの人権を脅かすのは公権力だけではありません。たとえば、職場では上司からサービス残業を強いられることがあります。学校では教師からセクシュアル・ハラスメントを受けることもあります。家庭内では夫からさまざまな形態の暴力をふるわれることもあるでしょう。これら上司・教師・夫がふるう暴力＝権力は、それ自体が「公」ではなくとも、その根本においてそれらを容認する社会、そして公権力に依拠しています。だからこそ日本国憲法は、労働基本権（28条）、教育を受ける権利（26条）、両性の本質的平等（24条）などを保障し、社会的に弱い立場にある労働者、学生・生徒・児童、妻などの尊厳をまもっているといえるのです。

とりわけ今の日本では、こういった権力によって傷つけられた人々が沈黙を強いられがちです（「悪いのは自分だ」「自分さえ我慢すればいい」）。しかし、憲法は、こういったひどい仕打ちを受けた人たちが泣き寝入りを強いられることがないようにするためにあるのです。

（石川 裕一郎）

4

Q 国民に主権があるってどういうことですか?

A 国の政治のあり方を最終的に決めるのは国民だということです。

国民主権という言葉

主権という言葉は、なかなか厄介な言葉で、いろいろな意味で使われます。第1に、日本は1945年に、連合国から発せられたポツダム宣言を受け入れて敗戦を迎えましたが、そのポツダム宣言に主権という言葉が出てきます。ポツダム宣言によれば、「日本国ノ主権」は、本州・北海道・九州・四国と連合国が決めた島々に限られるとしましたが、ここでの主権は、日本の領域とそこに生活する人々を支配し治める力(統治権)を意味します。

第2に、日本国憲法の前文に、「政治道徳の法則」に従うことは、「自国の主権を維持し、他国と対等関係に立たうとする各国の責務である」という箇所があります。ここでの主権は、日本が他国からの支配を受けずに独立していることを意味します。

最後に、日本国憲法は、前文で「主権が国民に存することを宣言」し、第1条において、天皇の地位が「主権の存する日本国民の総意に基く」ことを明らかにしています。ここでの主権は、国の政治のあり方について最終的な決定権を意味し、国民主権とはその決定権が国民にあるという考え方です。

国民に主権が存するということの意味

では、「国民に主権が存する」ということは何を意味するのでしょうか。1つの意味は、国のすべての権力は突き詰めると、国民に由来するということです。国会が殺人を犯罪とする法律を作り、警察が殺人を犯した疑いのある人を捕まえ、裁判所が被告人を有罪とする判決を下して、刑務所に送るのも、すべて国民の権威によって根拠づけられるということです。明治憲法では、天皇は、立法権・行政権・司法権のすべてを束ねてこれを掌握する地位（統治権の総攬者＝主権者）にありました。国民主権を謳う日本国憲法は、このような明治憲法の体制を根本から変えました。

もう1つの意味はより具体的に、憲法がとる政治の仕組みにかかわります。主権とは、国の政治のあり方を最終的に決める力でしたが、政治のあり方の根本を定めているのが憲法です。ということは、憲法の中身を決める力こそが主権の核心ということになります。日本国憲法が前文で、この憲法を「確定」したのは国民であると述べているのもそのためです。

一度憲法が制定されてしまえば、国民は主権者として、選挙で代表者を選び、その代表者が憲法に従って政治を行います。代表民主制です。しかし、政治のあり方を最終的に決める主権者の力は消えてなくなるわけではありません。憲法を改正する力として憲法の内側で生き続けています。そして、憲法はその力を発揮する場を用意しています。それが、憲法改正における国民投票の手続です（96条）（⇨第4部参照）。

2つのことが重要です。第1に、憲法改正の手続から国民投票を省いて、国会の議決のみで改正を可能にすることは許されません。国会議員は主権者である国民の代表者にすぎず、主権者そのものではないからです。第2に、国会の憲法改正の発議権は、国会が好き勝手に行使できる「権利」ではありません。国会は発議にあたって、国民の側から憲法改正を望む声が自然と湧き上がってきているかを慎重に見極めなければなりません。少なくとも、いまはその時期ではないでしょう。

（岩本一郎）

5

Q 憲法の平和主義の理念はどのようなものですか？

A 権力者による「戦争」や「武力の行使」などを禁止しています。

戦争で犠牲になるのは、戦争をはじめた権力者でなく一般市民です

ジュネーブの人権理事会にある博物館には「1931年9月、日本軍は宣戦布告なしに中国の満州地方を武力侵略する」と記された、大きなパネルが展示してあります。国連でこうした紹介がされているように、日本はアジア・太平洋戦争（1931 ～ 45年）の際に近隣諸国を巻き込む戦争を起こしました。近隣諸国の民衆の犠牲は2000万人から3000万人にもなります。オーストラリアの国立博物館や、シンガポールの旧フォード博物館で「日本軍性奴隷」（いわゆる「従軍慰安婦」）の事例が紹介されています。映画「戦場にかける橋」で有名な、タイのカンチャナブリには現地の住民や、イギリス人やオーストラリア人の「戦争捕虜」を虐待したことを紹介する博物館が存在します。こうした歴史の傷跡が証明するように、「生命」を奪ったわけではないとはいえ、日本軍による「人間の尊厳」を踏みにじる残虐行為も数知れずにおこなわれました。

犠牲になったのは海外の民衆だけではありません。日本人でも310万人もの犠牲者が出ました。このように、「戦争」や「武力行使」は極めて非人道的な行為です。ところが戦争を起こした日本の権力者や軍の上層部は、国民に対しては戦争で「国のために死ぬこと」を強制しながら、自分たちは危険になると逃げました。

たとえば1945年3月からはじまる沖縄戦では20万人もの犠牲者が出ました。権力者は沖縄の軍人や市民には徹底抗戦を命じました。ところが徹底抗戦を命じた政治家や軍の上層部は1944年11月から、長野県の松代に逃げる準備をしていました。天皇が隠れる御座所のためには地下60メートルもの穴を掘っています。

1945年8月9日、ソ連軍は満州に侵攻しました。ソ連侵攻を目の当たりにして、軍人や高級官僚は市民を置き去りにして逃げました。残された女性や子ども、老人などは文字通り「地獄」を味わったのです。

権力者に「戦争」や「武力の行使」などを禁止

このように、戦争は極めて悲惨な事態をもたらすこと、戦争を起こした政治家や軍の上層部は極めて無責任であることがアジア・太平洋戦争で明らかになりました。そこで日本国憲法では徹底した「平和主義」が採用され、権力者による戦争や武力行使などを禁止しています。

まず憲法前文では、「全世界の国民が、ひとしく恐怖と欠乏から免かれ、平和のうちに生存する権利を有することを確認する」として、「全世界の国民」の「平和のうちに生存する権利」を認めています。この「平和的生存権」は「平和」を個人の権利として認め、日本の軍隊などに殺されない権利を「全世界の国民」に保障しています。

さらに前文では、権力者に無責任な戦争をさせないために、「日本国民は、……政府の行為によつて再び戦争の惨禍が起ることのないやうにすることを決意」しています。憲法9条1項でも、「国権の発動たる戦争と、武力による威嚇又は武力の行使」は「永久にこれを放棄する」とされています。ここでいう「国権」とは権力者のことも意味しており、やはり権力者による「戦争」や「武力の行使」などを禁止しています。

安倍首相などの自民党の政治家たちはこうした憲法を変え、自衛隊を憲法に明記することを目指しています。「自衛」のためと安倍首相などが判断すれば世界中での武力行使が可能になる憲法改正を認めるべきか、主権者として適切に判断することが求められます。（飯島滋明）

現代人文社の改憲関連書籍の案内

ピンポイントでわかる 自衛隊明文改憲の論点

清末愛砂・飯島滋明・髙良沙哉・池田賢太編著　　2017年12月刊

定価900+税

総選挙で安倍改憲勢力が国会の３分の２を占め、憲法改正発議・国民投票がいよいよ目前に迫ってきた。自民党改憲４項目：９条への自衛隊明記、緊急事態条項、教育無償化、参議院合区解消を検討し、そこに潜む問題点を洗い出す。

目　次

第2部 自衛隊の憲法明記で何が変わるか

自民党改憲条文素案

第9条の2

①前条の規定は、我が国の平和と独立を守り、国及び国民の安全を保つために必要な自衛の措置をとることを妨げず、そのための実力組織として、法律の定めるところにより、内閣の首長たる内閣総理大臣を最高の指揮監督者とする自衛隊を保持する。

②自衛隊の行動は、法律の定めるところにより、国会の承認その他の統制に服する。

（※9条全体を維持した上で、その次に追加）

第9条（現行）

①日本国民は、正義と秩序を基調とする国際平和を誠実に希求し、国権の発動たる戦争と、武力による威嚇又は武力の行使は、国際紛争を解決する手段としては、永久にこれを放棄する。

②前項の目的を達するため、陸海空軍その他の戦力は、これを保持しない。国の交戦権は、これを認めない。

第2部では、自民党が進めている改憲4項目のうち、大きな目玉となっている自衛隊の憲法明記問題を取り上げます。1954年の創設以来、自衛隊は戦力の保持を否認している9条2項に違反するか否かが議論されながらも、現実に存在し続けてきました。自衛隊の憲法明記は、そうした現実を単純に追認することを意味するのでしょうか。私たちの暮らしに影響はないのでしょうか。

これらの問いに対する回答の手がかりを示すために、ここでは①自民党の9条改憲条文素案の問題点、②自衛隊の憲法明記が私たちの生活にあたえる影響、③「自衛／国防」の名の下で行われる戦争・武力行使のリアリティ、④安倍政権が唱える中国・北朝鮮（朝鮮民主主義人民共和国）脅威論の目的、⑤改憲が東アジアの平和にあたえる影響についてみていきます。（清末愛砂）

1

Q 改憲条文素案のなにが問題ですか？

A 自衛隊に対する歯止めがありません。

この改憲条文素案には、「危ない！」がたくさんあります。

この改憲条文素案からは、「なんとしても憲法改正を押し切りたい！」という自民党憲法改正推進本部の強い思いが透けて見えます。しかし、「とにかく変えたい！」という思いばかりが先行するので、これまでの議論の蓄積や、そもそも憲法とは何か、という問題がすっ飛んでしまっています。

自衛隊という実力組織を憲法上持てるようにしても、本質的な違憲の問題は変わらないし、その実力組織をどのように制御していくのかという権力制限の視点からも「危ない！」と言わざるを得ない改憲条文素案です。

改憲条文素案のとおり改憲しても違憲の問題は残ります。

そもそも、どうして自衛隊は「違憲」と言われるのでしょうか。

自衛隊の違憲性が問題になるのは、憲法９条第２項の「**陸海空軍その他の戦力は、これを保持しない**」という文言に反するのではないかという疑問が生じるからです。

憲法学者の多くが自衛隊は違憲だとしているのは、この「戦力」に当たるかどうかを客観的に見て、それが「**警察力を越える程度の実力**」と言えるかという視点で考えているからです。自衛隊の現在の施設や装備、例えばイージス艦や戦車などは、国内の治安維持に必要な実力を大きく越えますから、「戦力」に当たると考えています。

他方で、日本政府は、この「戦力」の考え方を「**自衛のための必要最小限度を超える程度の実力**」と定義しています。この立場からは、イージス艦や戦車を持っていたとしても、自衛のための必要最小限度の実力は越えていないとして、現在の自衛隊は合憲だ、ということなります。

しかし、今回の改憲条文素案は、この問題を解決できていません。

本質的な問題は、９条２項の「戦力」をどう考えるかということであって、自衛隊を「実力」と規定しても、問題の解決にはなりません。

そもそも、自衛隊を「実力」ということにこだわるのは、どうすれば自衛隊は「戦力」ではないと言えるか、ということにこだわる人たちです。歴代の政府や内閣法制局は、これをどうにか説明しようと、苦肉の策で戦力を「自衛のための必要最小限度を超える程度の実力」と定義してきました。

今回の改憲条文素案では、「必要最小限度」という限定まで消えました。政府解釈においても、自衛のための必要最小限度を超える実力は「戦力」です。「実力」であれば、「戦力」に当たらないというわけではないのです。この改憲条文素案からは、むしろ「戦力」と「実力」の分水嶺の問題がクローズアップされることになります。この改憲条文素案は憲法９条２項と正面からぶつかり合うのです。

「国及び国民」の意味と「法律に定めるところにより」威力

問題点は他にもありますが、ここでは２点指摘しておきましょう。

１つめは、自衛隊がまもるべきものとして挙げている「**国及び国民**」の意味です。

まず、「国」という言葉の意味です。国家システムでしょうか。国土そのものでしょうか。憲法問題として議論するときに「国」とは国家システム、つまり統治機構のことを指すのが普通です。しかし、日本は島国ですから、「国」というと頭の中には日本地図が浮かんできます。国土を「国」と理解しがちですが、これは誤りです。ここを明確にしておかなければ、この問題点を見逃してしまいます。

そして、「国民」はどこにいるか、ということも考えておきましょう。国民とは日本国籍を有する人です。国民の多くは、日本国内にいるのですが、一定数の日本国民が、世界各地にいることは容易に想像ができるでしょう。アメリカだろうが、ブラジルだろうが、イギリスだろうが、南スーダンだろうが、「国民の安全を保つため」と言えば地理的限定が一切なくなってしまうのです。

つまり、自衛隊は、「**国家システムおよび世界各地にいる日本国籍保有者の安全を保つため**」に必要な実力組織として保有されることになるのです。

問題の2つめは、「法律に定めるところにより」というフレーズです。

権力を制限する憲法としては、制限の仕方をしっかりと憲法に明記しておかなければなりません。しかし、そうすると、何か変更しようとするたびに憲法改正が必要となります。そこで使われるのが「法律に定めるところにより」というフレーズです。

今回の改憲条文素案で見てみると、自衛隊の組織編成などについては「法律の定めるところにより」決まりますから、自衛隊という枠組みさえ決めてしまえば、後はいくらでも付け替えることが可能です。しかも、その根拠が憲法にある以上、後法は前法を破る(後法優位の原則)という大原則に従えば、自衛隊法の改正によって事実上の憲法改正が可能となるのです。

また同じように、国会の承認その他の統制についても「法律に定めるところにより」決まりますので、最初は必ず事前に厳格な審査を要求しておいても、事後承諾でも足りると法律を変えてしまえば、憲法による統制はおよそ期待できません。

ちなみに、この「法律の定めるところにより」というフレーズは、大日本帝国憲法に「法律ノ定ムル所ニ従ヒ」とか「法律ノ定メタル」という形で使われ、人権制限の方法にもなっていたことに注意が必要です。

憲法を改正する理由がない憲法改正議論

2018年2月5日の衆議院予算委員会で、安倍首相は「**自衛隊が合憲であることは明確な一貫した政府の立場だ。国民投票で、たとえ否定されても変わらない**」とする主旨の発言をしています。これは、非常に重要で、憲法改正しようがしまいが関係ないが、改正だけはやってみたいと言っているのと同じです。

自衛隊の憲法明記によって、違憲の問題は解消しないばかりか、それをやる意味すら不明確という、異常事態の中で改憲が議論されているのです。

改憲派の佐藤正久議員は、「自衛官が誇りを持って国を守れる体制へ」などと述べて、改憲議論を推進しています。

仮に憲法の制定権をもつ主権者が行った憲法改正によって、自衛官に誇りを持ってもらうことができたとします。では、その誇りをもった自衛隊や自衛官に、私たちは何を命ずるのでしょうか。この「国を守る」という言葉は、何を意味しているのでしょうか。

誇りを持てないのは、誇りが持てていない分野、まさに「国防」という名で「戦争協力」をしていることに対してではないでしょうか。誰かの犠牲の上に立つ平和ではなく、誰もが犠牲になることのない平和を構築するためには、自衛隊の軍事的側面を追認するような改憲は許さないという、私たちの覚悟が求められています。

（池田賢太）

2

Q 自衛隊の憲法明記は私たちの生活にどのような影響をあたえますか？

A 私たちは海外で戦う自衛官を生み育てる社会の構築を求められます。

：現実に存在する自衛隊の追認？

1954年に創設された自衛隊は、戦力の保持を禁止する憲法9条2項に違反すると指摘されながらも、現実に日本社会に存在してきました。それを受け、「創設から60年以上も経っているのだから、この現実を憲法に反映させた方がいい」、「自衛官は自然災害の被災者救助のために活躍してきたのだから、その存在を公的に認めるべき」といった声が聞こえてきます。しかし、自衛隊の憲法明記は単純に現実の追認で終わるわけではありません。

そもそも、現実にしたがって憲法を変えること自体、立憲主義に反することです。本来は憲法に基づいた現実が起きていなければならないからです。ひとたび現実の追認のための改憲がなされると、それを契機に次々と同様の改憲がなされ、基本的人権が著しく脅かされることになりかねません。そうなると、憲法の意味がなくなります。

確かに日本は自然災害が多い国です。災害が起きるたびに、懸命に被災者救助に励む自衛官の姿が報道されます。その影響もあり、「**自衛隊＝被災者救助**」のイメージを強く持つ人も多いでしょう。自衛隊に救援された経験を持つ人が、感謝の気持ちを抱くことも理解できます。

しかし、ここで重要なことは、自衛隊の主たる任務が国家防衛にある点です（自衛隊法3条1項）。これは多くの国々の軍隊の設置目的と同じです。被災者救助はあくまで自衛隊の従たる任務にすぎません。名称はともかく、自衛隊の実体は国家防衛という任務を明確に負った軍事組織です。また自衛隊は「必要に応じ、公共の秩序の維持に当たる」（同条同項）こともできます。つまり治安の維持と称して、自衛隊が市民に銃を向ける可能性があるということなのです。

自衛官を危険にさらす自衛隊の憲法明記

これまでは自衛隊が現実に存在しようとも、実際の活動は公的な存在ではないことに加え、9条により一定の歯止めがかかってきました。しかし、憲法上の公的な存在になると、これらの効力が格段と低くなり、安全保障の名の下で日本の軍事化が加速していくでしょう。これは、私たちの社会が軍事優先社会に変わっていくことを意味します。2013年12月17日の閣議決定「**国家安全保障戦略について**」が示すように、現在でも防衛力の強化が強く謳われ、それにともない防衛費が上昇しています。防衛費が上昇すればするほど、社会保障等の予算が削減されるため、私たちの日常生活への打撃が大きくなります。

自衛隊は、一連の安全保障関連法の成立･施行により、世界各地で武力行使ができるようになりました。また他国軍への後方支援も大幅に拡大されました。自衛隊が憲法に明記されると、自衛隊は正々堂々とこうした任務を果たすことが求められるようになります。これは他国との軍事同盟の強化を前提とする日本の安全保障政策と他国(軍)のために、自衛官を危険にさらすことを意味し、状況に応じて生命の犠牲を強いることでもあります。自民党を含む自衛隊の憲法明記を求める人々の中には、自衛隊はそのがんばりようにもかかわらず、憲法に根拠がないため虐げられてきたと強調する人がいます。そうした主張はもっともらしく聞こえますが、現実には自衛官とその家族の不安や恐怖を増大させ、残酷な結果すらもたらしうるのです。

また自衛隊の憲法明記により、私たちは海外で戦う自衛官を支える社会、そうした自衛官を生み育てることを是とする社会の構築を求められるようになるでしょう。私たちはこうした社会の到来を望んでいるでしょうか。

（清末愛砂）

3

Q 「自衛」「国防」のなにが問題ですか？

A 「自衛」「国防」の名の下で戦争や武力行使が正当化されます。

「自衛／国防」のための戦争のリアリティ

「自衛／国防」のための戦争であろうと、武力が用いられる戦場の状況は侵略戦争の現場と変わりはありません。むしろ、**「国家を守る」**という使命を負わされた軍隊はひとたび交戦が始まると、その使命を果たすために対戦国の軍隊を必死に打ち負かそうとし、過度な武力を行使する可能性すらあります。

私は2002年にパレスチナのヨルダン川西岸地区に滞在していたことがあります。その間、アメリカの軍事支援を受けたイスラエル軍が、占領下に置いているパレスチナ人に対し、「自衛／国防」「対テロ」の名の下で筆舌に尽くしがたいほどの残酷な軍事作戦をしている姿を数えきれないほど目撃しました。そこに導入された若いイスラエル兵（同国には徴兵制があります）の多くは、極めて険しい顔つきで子どもを含むパレスチナ人を銃や戦車砲で威嚇するだけでなく、実際に発砲を繰り返していました。無差別発砲の音が生みだす恐怖はいつまでも忘れることができません。

これらの兵士たちの大半は家に帰ると優しい顔に変わり、別人のようにふるまうでしょう。しかし、戦場に送られると、同一人物とは思えないような行為に走るのです。仮に自らに課せられた行為に躊躇を覚えることがあっても、命令を出す上官に**「自衛／国防」**のためだと言われればその躊躇を吹き飛ばすことができ、無差別攻撃のような残虐な行為すら正当化できるのです。

これは「自衛／国防」のための戦争のリアリティを示す一例にすぎません。かつて吉田茂首相（当時）は、1946年6月に行われた衆議院帝国憲法改正案第一読会で「従来近年の戦争は多く自衛権の名に於て戦われた」（官報号外『第九十回帝国議会衆議院議事速記録第六号』〔1946年6月27日〕、旧漢字は新漢字で、カタカナはひらがなで表記）と答弁しました。これらの戦争には吉田首相自らが言及したように、旧日本軍による武力行使（＝事実上の戦争）である満州事変等が含まれています。そうであるからこそ、吉田首相は日本国憲法の下では、自衛であるか否かを問わずあらゆる戦争が放棄されるとの見解を示したのです。自衛の名の下で侵略戦争／武力行使を続けた大日本帝国のリアルな苦い経験が、こうした答弁を引き出したと言えるでしょう。

アメリカがパキスタン領域内で行った無人機攻撃のミサイルの残骸（2018年3月22日、イスラマバードの人権団体で著者が撮影）

防衛力の強化と武器開発との関係

現代の戦争では、技術の進歩により無人機攻撃ができるようになったため、兵士を戦場に導入する必要性が低くなった、したがって、上述したような兵士の行為を懸念しなくてもよいと考える人もいるでしょう。しかし、現実には、今なお多くの紛争の現場では地上戦が展開されており、爆撃機等による空爆や海からの砲撃もなされています。

無人機の性能が格段に向上し、暗殺対象をより正確に殺害できるようになったため、無人機攻撃は人道的と主張する人もいます。はたしてそう言えるでしょうか。暗殺対象への攻撃が成功した場合でも、その周辺にいる多数の人々（家族や友人知人、偶然近くにいた人）は無差別にその被害に巻き込まれます。したがって、多数の被害が出るという点においては誤爆と何ら変わりはありません。さらに言うならば、無人機攻撃は遠く離れたところで操作できるため、それに携わる兵士は対戦国の兵士や住民と直接対峙せずに、バーチャルなゲーム感覚で作戦に参加できます。これは人を殺傷する攻撃を精神的に容易にします。

安倍政権は安全保障政策の一環として仮想敵を作り、それに対する防衛力の強化を謳っています。それを利用し、日本企業は残虐な兵器を含む武器開発を次々と進めてきました。こうした動きも、軍事力に依拠する「自衛／国防」の発想が生みだしたもう一つの現実です。

（清末愛砂）

4

Q 改憲論の中でよくいわれる「中国脅威論」とはなんですか？

A 中国の「成長」＝日本への「脅威」ではありません。

めざましい中国の経済発展

中国脅威論とは、現在の中国（中華人民共和国）が、経済の急速な発展と共に軍事力を増大させ、周辺地域における軍事的な支配力や、世界的に政治的影響力を増大させていると主張する議論のことです。

日本との関係でいえば、近年になって尖閣諸島の領有権を中国政府が主張し、中国政府の船（公船）や軍艦、あるいは民間の漁船などが日本の接続水域や領海にまで入り込んでいることは、よく知られています。

確かに、中国の経済発展はめざましいものがあります。中国国家統計局が発表した2017年の国内総生産（GDP）は前年比6.9％増となりました。1980年以降の中国と日本を比較すると、日本が中国よりも高い成長率を示したのは、日本がバブル経済と言われた1989・90年の2年だけです。

また、軍事力についても、中国の国防予算（2018年度）は約18兆4000億円、前年度に比べて8.1％増で、先に示した経済成長率よりも率で見れば高い伸びとなっています。

中国の経済的・軍事的成長が、そのまま日本の「脅威」になるか

しかし、このような中国の経済的・軍事的成長が、そのまま日本にとって「脅威」となるかどうかは、よく検討する必要があります。

例えば、新聞記事やテレビ、ネットなどのニュースでは、中国政府の船（公船）や中国海軍の軍艦が尖閣諸島近海に出没し、接続海域に入ったり領海を侵犯したりする事例が報じられるようになっています。しかし、日本の海上保安庁が発行する「海上保安レポート2016年版」では、そのようにまとめられています。

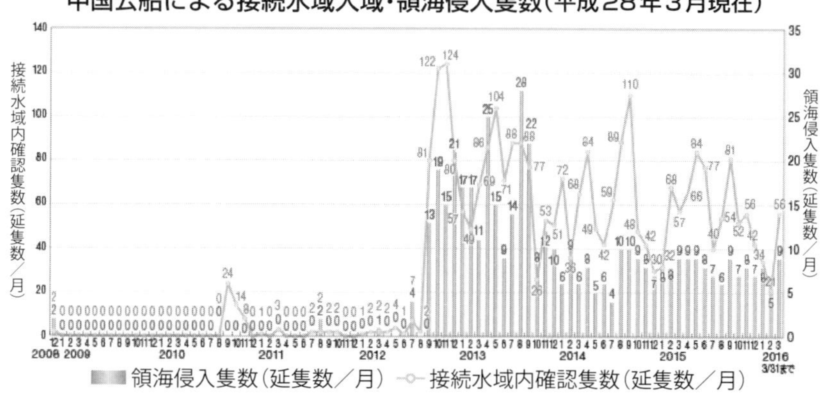

図を見れば明らかなように、その数が顕著に増えたのは2012年9月以降です。この時期に何があったのでしょうか。

2012年4月に石原慎太郎東京都知事(当時)が、あるシンポジウムで、尖閣諸島をその時点で所有していた民間人から都が購入する意向を示しました。その後、日本政府はこの動きを受けて、政府として尖閣諸島を国有化する方針を決め、2012年9月にその方針が明るみに出ました。

つまり、尖閣諸島近海に中国の船が多数やってくるようになったのは、日本側の行動が引き金になっていると見ることができるのです。

一般に「脅威」とは、「能力」と「意思」の掛け算だと言われます。そもそも「能力」の点だけでいえば、中国は1960年代から核兵器を持っているわけですから、それ以降は日本にとって「脅威」であり続けていると言えそうです。しかし、それ以降の日中関係は、確かに厳しい状況に置かれたときもありますが、一方で友好的な時期もありました。

また、日本の中国に対する対内直接投資額は2016年で31億1000万ドルとなっています。経済的にも深い関係にある国との緊張を強めることが得策とは思えません。

このように見てくると、国際関係において重要なことは、事態の推移を多面的に見ることではないでしょうか。

(渡邊弘)

5

Q 北朝鮮脅威論とはなんですか？

A 軍事力を高めた北朝鮮と、それを脅威と捉えるアメリカとの間で衝突が発生し、日本が巻き込まれ攻撃を受ける可能性があると主張する議論です。

煽り立てられる脅威

北朝鮮(朝鮮民主主義人民共和国)がミサイルを発射すると、あたかも日本が直接攻撃を受けたかのような大騒ぎが生じます。ミサイルは大量に人を殺傷できる残忍な兵器ですから、たいへん物騒なものです。それが「上空」を飛んだと耳にすれば、恐怖心を抱く人が出るのも理解できます。

ミサイル発射時の行動として、日本政府は人々に直ちに「近くの建物の中か地下に避難」「物陰に身を隠すか、地面に伏せて頭部を守る」「窓から離れるか、窓のない部屋に移動する」(内閣官房国民保護ポータルサイト『弾道ミサイル落下時の行動について』より)よう助言してきました。自然災害などの緊急事態の発生に備え、政府が人々に速報を流す体制を整えたり、被害を最小限にするための行動を提示することは当然のことです。

しかし、緊急事態といいながらも、実際にはそれが人々の身に差し迫った危険ではない場合、そうした主張は別の効果を生むことになりかねません。無用な不安や恐怖心を人々に抱かせ、それが流言(デマ)やヘイトスピーチにまで結びついてしまう可能性があります。また、政府が何らかの政策を容易に進めるために、意図的に緊急事態だと強調し、国民の賛意を得ようとすることも考えられます。

その例が上記の弾道ミサイル落下時の行動やＪアラートを用いた警告でしょう。冷静に考えれば、ミサイルが大気圏を出たり入ったりする高度の「上空」を短時間飛び(その下にいる個々の人々の頭上を通り過ぎるのは一瞬のこと)、陸から数千キロ離れた海の上に落下するような事態がそれほど差し迫った脅威でないことがわかります。そうである以上、北朝鮮の脅威が強調される背景には、別の思惑がはたらいていると考えるのが自然でしょう。

端的にいえば、脅威を煽ることで、日本の軍事力（防衛力）の強化やその一環として進めている自衛隊の憲法明記を容易にする意図がはたらいているということです。

北朝鮮は本当に脅威か？

それでもなお、現実に軍事力を高めている北朝鮮を脅威と考える人は多数いるでしょう。しかし、合理的に考えてみてください。軍事力を高めているのは事実ですが、日本がそれを上回る軍事力（防衛力）を総合的に有しているのも事実です。日本に直接的な攻撃を加えれば、北朝鮮は反撃により体制崩壊に陥る可能性があります。そのことを認識していないはずがありません。その危険を冒してまで攻撃を加える理由はあるでしょうか。

こう書くと、だからこそ日本は防衛力を強化し、北朝鮮を抑制すべきと主張する人もいるでしょう。それは違います。なぜなら、日本が防衛力を強化すればするほど、またアメリカ・日本・韓国の軍事同盟が強化され、それに基づく威嚇行為が行われるほど、恐怖にかられた北朝鮮は自らは強いといわんばかりに、ハリネズミのように針（ミサイル実験など）をとがらせるだけです。現にアメリカ軍は北朝鮮と韓国との軍事境界線付近で韓国軍と爆撃訓練を含む共同演習を実施するなどの威嚇行為を行ってきました。日米共同演習も行われています。北朝鮮がこれらを脅威と考えずにいられるでしょうか。しかし、だからといってアメリカや日本に直撃するように針を飛ばしてしまえば、針の意味は失われます。攻撃理由を誘引することになるからです。

一方、北朝鮮は韓国やアメリカとの間で首脳会談が開かれるよう外交を進めています。またそれらを通して、非核化に応じる可能性も示唆しています。つまり、対話による関係性の修復を試みているのです。日本もこうした動きを受け、北朝鮮との首脳会談を計画しようとしています。しかし、日本が国内で脅威を煽りながら、北朝鮮を敵視する政策を続ければ、それは実施にいたらないでしょう。最後にこうした対話路線がつくられようとしているときの重大な事実を指摘しておきます。それは、ミサイル発射がなされない、ということです。　（清末愛砂）

6

Q 自衛隊の憲法明記は東アジアの平和にどのような影響をあたえますか？

A 東アジアにさらなる緊張関係をもたらします。

安保法制は東アジアに対する脅威

2013年以降、安倍自公政権は日本の安全保障政策の新理念として「積極的平和主義」という言葉を頻繁に使うようになりました。一見すると、憲法の平和主義の原理に基づく理念のように見えます。しかし、それは同年12月17日の閣議決定「国家安全保障戦略について」が示したように、①防衛力の強化と②アメリカを中心とする軍事国家との同盟の強化により、敵と想定しうる国々を抑制するという考え方です。つまり、軍事力に頼るという安全保障政策の理念を示しているのです。この理念に基づき、2015年9月19日に一連の安全保障関連法（安保法制）が強行成立し、翌16年3月29日に施行されました。

安倍自公政権が「脅威」と主張している国々の筆頭として挙げられるのが、北朝鮮（⇨第2部5）と中国（⇨第2部4）です。ここでアジアの地図を思い浮かべてください。日本はアジアの中では東アジアに区分される国です。東アジアの中には北朝鮮と中国が含まれます。ということは、安倍自公政権は、東アジアの中で軍事力に基づく抑制力を発揮することを大前提の一つとして安全保障政策を進めているということになります。

安保法制により、9条で戦争・武力による威嚇・武力行使を放棄し、また交戦権を否定しているにもかかわらず、自衛隊は世界中で武力行使ができるようになりました。地理的に日本に最も近い東アジアの国々、とりわけ「敵」と想定されている国々は、安保法制の成立や防衛費の増加による軍事力の強化等を目にしながら、どのように感じてきたでしょうか。特に世界から孤立させられてきた北朝鮮にとって、海外での武力行使を可能にさせた安保法制は大きな脅威に映ったのではないでしょうか。

さらなる緊張をもたらす自衛隊の憲法明記

大日本帝国時代の日本は多くのアジア諸国を侵略･支配しました。その当時の日本はアジアで最も大きな脅威であり、日本の軍事主義や帝国主義はアジアの人々に甚大な被害をあたえました。その反省ゆえに、日本国憲法は平和主義を原理の一つとしたのです。憲法前文二段には「日本国民は、(中略)平和を愛する諸国民の公正と信義に信頼して、われらの安全と生存を保持しようと決意した」と書かれています。これは理想論ではありません。近現代の負の歴史から、日本は「諸国民の公正と信義」への信頼こそが平和構築を促す現実的な手段であることを学びとり、信頼醸成の大切さを謳ったのです。

積極的平和主義の下で、安保法制に続き自衛隊が憲法に明記されると、それは確実に東アジアの情勢にさらなる軍事的緊張をもたらす大きな要因となるでしょう。私たちが東アジアの平和を本当に望むのであれば、敵国を想定して防衛力を強化させる政策を継続することはマイナスにしかなりません。「他国と対等関係に立たうとする」(憲法前文三段)姿勢を貫きながら、東アジアの中で＜対話＞に基づく信頼関係を築くべきです。対話という手段もまた理想論ではありません。それは多くの国々が認識している、友好な外交関係を築くための効果的なやり方です。

信頼関係をつくるために最初にすべきことは、北朝鮮を敵視するのではなく、過去の植民地支配の反省に立って正式に国交を結び、そこから持続可能な関係をつくる一歩を踏み出すことでしょう。次に1950年に始まり、いまだ休戦状態にすぎない朝鮮戦争を終わらせるための努力、すなわち北朝鮮･韓国･米国の間で平和協定が結ばれることを求める努力をすることでしょう。朝鮮半島に軍事的緊張がある限り、私たちが住む東アジアの平和を考えることはできません。実のところ、こうした努力の継続こそがアジアの国々から信頼を得るための早道となり、結果的に私たちの平和な生活を保つことにつながるのです。

（清末愛砂）

現代人文社の改憲関連書籍の案内

緊急事態条項で暮らし・社会はどうなるか

清末愛砂・飯島滋明・石川裕一郎・榎澤幸広編著　**定価1800+税**

安倍政権の下で「緊急事態条項」を憲法へ導入しようとしている。それは本当に必要なのか。緊急事態が発令された場合、市民の暮らしや社会はどうなるか。諸外国の法制・事例も紹介し、緊急事態条項の正確な理解を助ける。　**【2017年5月刊】**

イントロダクション「緊急事態条項」（国家緊急権）とは何か………飯島滋明

第１部　緊急事態条項とは何か

1　自民党「日本国憲法改正草案」と緊急事態条項………清水雅彦
2　日本国憲法と緊急事態条項………飯島滋明
3　緊急事態条項と大日本帝国憲法………榎澤幸広
4　緊急事態条項と第9条（平和主義）………清末愛砂
5　緊急事態条項と第24条（家族）………清末愛砂
6　緊急事態条項と安保法制（戦争法）………清水雅彦
7　緊急事態条項と国会………馬場里美
8　緊急事態条項と災害………永井幸寿

第2部　緊急事態条項で 暮らし・社会はどうなるか

1　緊急事態条項と生活必需品………榎澤幸広
2　緊急事態条項と地震・天気予報………榎澤幸広
3　緊急事態条項と小学校・中学校・高等学校………安原陽平
4　緊急事態条項と大学………石川裕一郎
5　緊急事態条項とマスメディア………徃住嘉文
6　緊急事態条項と集会・デモ・労働組合活動………奥田喜道
7　緊急事態条項と共謀罪………前田朗
8　緊急事態条項と政党………奥田喜道
9　緊急事態条項とネット………奥田喜道
10　緊急事態条項と医療関係者………渡邊弘
11　緊急事態条項と運輸・土木・建築関連業者、従業員（徴用）………渡邊弘
12　緊急事態条項と自治体………飯島滋明
13　緊急事態条項と警察・自衛隊………清水雅彦
14　緊急事態条項と裁判所………飯島滋明
15　緊急事態条項と選挙権（参政権）………池田賢太
16　緊急事態条項とマイノリティ………榎澤幸広
17　緊急事態条項と沖縄………髙良沙哉
18　緊急事態条項と国民国家………小田博志

第３部　世界の緊急事態条項　　**英国、米国、ドイツ、フランス、トルコ、韓国、パキスタン**

第3部 その他の改憲で何が変わるか

「憲法改正」というと、もっぱら9条に注目が集まりがちですが、自民党は9条の他にも3つの改憲項目を掲げています。「教育環境の整備」、「参議院選挙区の合区解消」、「緊急事態条項」です。それぞれ、「教育を受ける機会を確保するなど、教育環境を整備するため」、「人口が少ない県の有権者の声を中央にしっかり届けるため」、「大規模自然災害のような緊急事態に対応するため」というもっともらしい理由が付されていますが、実際のところどうなのでしょうか。今の憲法の下では本当に、教育環境の整備は実現できず、過疎地に住む有権者の声を政治に反映させることができず、大規模自然災害に対応することができないのでしょうか。第3部ではこのことについて考えてみましょう。

（石川裕一郎）

1

教育環境整備条項

自民党改憲条文素案

第26条

①・②（現行のまま）
③国は、教育が国民一人一人の人格の完成を目指し、その幸福の追求に欠くことのできないものであり、かつ、国の未来を切り拓く上で極めて重要な役割を担うものであることに鑑み、各個人の経済的理由にかかわらず教育を受ける機会を確保することを含め、教育環境の整備に努めなければならない。

第89条

公金その他の公の財産は、宗教上の組織若しくは団体の使用、便益若しくは維持のため、又は公の支配に属しない（→監督が及ばない）慈善、教育若しくは博愛の事業に対し、これを支出し、又はその利用に供してはならない。
（※下線部分を（　）に変更する）

徹底解説

教育環境整備は、憲法を改正しなければ実現できないか

自民党の改憲条文素案は、教育環境の整備を実現するものではありません。むしろ、現在の日本国憲法で保障されている教育を受ける権利を切り縮める危険さえあります。なお、自民党は当初、教育の無償化を4項目の1つとして掲げていました。しかし、現在では「教育環境の整備」と言っています。

1　憲法は教育環境の整備を禁止していません

第1に、憲法は、政府が教育環境を整備することを禁止していません。

憲法の目的は「個人の尊重」を実現することです(13条)。憲法はそのために様々なことを行うよう政府に「命令」したり、逆に、個人の尊重を妨げるようなことをしないよう政府に「禁止」したりしています。あるいは、国に「許可」を与えて、様々な政策を実現する権限が国にあることを示していたりします。

しかし、憲法はそれほど長い文章ではないので、国がやろうとすることなどであっても、憲法にはっきりと書かれていないこともあります。つまり、明確には「命令」も「禁止」も「許可」もしていないことがあるのです。そういう場合に、憲法は国に対してどうしろと言っているのか、ということが問題になります。

憲法26条2項後段では、「義務教育は、これを無償とする」と書かれています。従って、義務教育については無償にすることが国に対して「命令」されています。ところが、義務教育以外の教育については、はっきりと「無償にしろ」とは書かれていないようにみえます。

こういう場合には、憲法全体の目的である「個人の尊重」に照らして、憲法がなにを言おうとしているのかを判断します。そのように考えると、義務教育以外についても、無償にすることによってお金の心配をせずに教育を受けられる方が「個人の尊重」の実現という目的にかなっているようにも思えます。少なくとも日本国憲法は、義務教育以外の教育を無償化することについて、禁止しているとは考えられません。

2 改憲することなく教育環境の整備を実現するチャンスはあった

第2に、そうであるなら、教育の無償化を含め教育環境を整備するために憲法を変える必要はない、ということになります。

むしろ、教育環境の整備は、改憲ではなく、法律を新たに作ったり（作り変えたり）、あるいは、そのための予算をきちんと確保したりすることによってこそ、実現することができます。法律も予算も国会で決めることができますから、衆議院と参議院のそれぞれで過半数を占めている政党が決断しさえすれば、いつでも実現することが可能であるはずです。そのハードルは、改憲よりもずっと低いということになります。

1955年に自民党が結成されてから現在に至るまで、自民党はほとんどの期間において政権与党でした。たとえ自民党議員だけで衆議院と参議院の両方で過半数を占めることができなくとも、多くの場合は他の党と連立して政権を作ってきました。言い換えれば、これまでも自民党は、憲法を変えることなく教育環境の整備を実現するチャンスがあったのです。にもかかわらず、自民党はそれをしてきませんでした。そのような党が、改憲するという場面になって教育環境の整備を持ち出すのは極めておかしなことです。

3 「努めなければならない」という言葉の魔術

第3に、自民党は注意深く、今回の改憲条文素案で言い訳の言葉を入れています。それが26条の改憲条文素案の最後にある「努めなければならない」という言葉です。

この言葉があることによって、政府は「教育環境の整備に努めたけれど、事情があって、できないことがありました」と言い訳することができるようになっています。「景気が悪いので税収が少なくてできませんでした」とか、「国の借金を返す方にお金を使ったのでできませんでした」とか、いくらでも言い訳はできます。つまりこの言葉は、最高法規である憲法よりも下位にある事柄(例えば予算)などの事情を理由にして、憲法の内容の実現をさぼることに許すことになりかねないものなのです。ひょっとしたら、今回の改憲条文素案でも残ることになっている「義務教育の無償」さえ、この最後の「務めなければならない」という言葉を利用してないがしろにされるかもしれません。実際、今までも政府は、「日本国憲法第26条が言う『無償』とは、授業料を取らないということだけ」と解釈して、授業料以外のさまざまな費用については、児童・生徒の家族から徴収してきました。義務教育段階の学校における教科書だけは、人々の願いを受け入れて今のところ無料になっていますが、予算編成の時期になると、財務省などでは、教科書の有料化も検討されるようになってきています。「努めたけれどできませんでした」という言い訳を許すような憲法になってしまったら、現段階で実現できていることさえ、なくなってしまうかもしれません。

4　教育内容への介入も許すおそれ

89条の改正にも落とし穴があります。そこでは、国の「監督が及ばない」学校に対しては国からの資金援助をしない、という条文に変えようとされています。まさに、教育に対して国が「カネを出すから口も出す」ということになりそうです。

現在でも国は、教育の内容をかなり細かく決めています。2018年3月に示された新しい高校学習指導要領は、これまでのものの1.5倍以上の分量になりました。

特に考えなければならないのは、朝鮮高校の無償化問題です。国は、高校無償化の実施に際して、朝鮮高校だけを除外しました。朝鮮高校で学ぶ高校生にだけ負担を強いることを是としたのです。このような取り扱いが、憲法上もお墨付きを与えられることになりかねません。また、この改憲条文素案が現実のものになれば、多くの私立学校の特色ある教育に対しても、国からの介入を許すことになる危険性があります。お金を人質にとって教育内容への不当な介入を許してしまうような改憲条文素案が、子どもたちのためにならないことは明らかです。

(渡邉弘)

2

参院合区解消条項

自民党改憲条文素案

第47条

① 両議院の議員の選挙について、選挙区を設けるときは、人口を基本とし、行政区画、地域的な一体性、地勢等を総合的に勘案して、選挙区及び各選挙区において選挙すべき議員の数を定めるものとする。参議院議員の全部又は一部の選挙について、広域の地方公共団体のそれぞれの区域を選挙区とする場合には、改選ごとに各選挙区において少なくとも一人を選挙すべきものとすることができる。

② 前項に定めるもののほか、選挙区、投票の方法その他両議院の議員の選挙に関する事項は、法律でこれを定める。

第92条

地方公共団体は、基礎的な地方公共団体及びこれを包括する広域の地方公共団体とすることを基本とし、その種類並びに組織及び運営に関する事項は、地方自治の本旨に基づいて、法律でこれを定める。

徹底解説

「参議院議員＝地域の代表」という固定観念を捨てることが求められる

1 「合区」とは

参議院の議員を選ぶ選挙区選挙（1982年までは「地方区選挙」）は、1947年の設置以来、1都道府県で1選挙区を構成してきました。それが2015年の法改正によって一部の選挙区、具体的には鳥取と島根、徳島と高知の各選挙区がそれぞれ合併されて一選挙区となりました。これが「合区」です。なぜこのような制度が導入されたのでしょうか。

たとえば人口1300万人の東京都からは現在毎回（参議院議員の選挙は3年毎に実施され、毎回半分ずつ改選されます）6名しか選出されない（議員1名あたりの人口が200万人以上）のに、人口60万人の鳥取県から毎回1名選出されるとしたら不公平です。なぜならば、東京と鳥取の間の「一票の較差」が3倍以上、すなわち鳥取の有権者1人は東京の有権者3人以上の「重み」を持つことになるからです。この不平等の是正が「合区」の目的なのです。

もちろん、この較差を完全になくすことは現実的に不可能ですが、日本国憲法が「すべて国民は法の下に平等であり、[…]政治的[…]関係において、差別されない」（14条1項）ことと「公務員の選挙については、成年者による普通選挙」（15条3項）を保障していることに鑑みると、この較差はできるだけ小さいのが望ましいということが言えます。

この「一票の較差」について、かつて最高裁判所は、較差が最大6.59倍に及んだ1992年の選挙について「違憲の問題が生じる程度の著しい不平等状態（いわゆる「違憲状態」）」と認定しつつも、較差是正のための「相当期間」が経過していないとして、違憲判断は回避していました(最大判1996年9月11日)。しかし、較差が最大5倍だった2010年の選挙については、「違憲状態」という従来の判断を維持しつつも、較差是正のため都道府県単位の選挙区の見直しを国会に迫ります(最大判2012年10月17日)。その姿勢は、較差が最大4.75倍に及んだ2013年の選挙についても同様でした(最大判2014年11月26日)。このような最高裁からの圧力を受けて国会が重い腰を上げて実現したのが「合区」なのです。

2 国会議員は「地域の代表」ではなく「国民の代表」

さて、この合区に対して強い不満を抱いているのが、他でもない、合区の対象となった地方に厚い支持基盤を持つ自民党です。もともと同党内では、「合区は都市部優遇策であり、農村部の軽視だ」「地方の声を切り捨ててよいのか」といった批判がくすぶっていました。その一方で、2016年の参院選においてもすでに「一票の較差」は最大3.08倍に及んでいました。地方から大都市圏への人口流入という傾向は依然として続いており、このままではさらなる「合区」が必要となることが予想されます。そして、その対象と目されているのは、やはり自民党が強い北陸や九州の諸県です。このような事情を背景として2018年2月16日に同党憲法改正推進本部が了承したのが、上記の47条と92条の改憲条文素案なのです。

しかし、「合区」という制度は本当に「地方軽視」なのでしょうか。ここでは、日本国憲法が「両議院は、全国民を代表する選挙された議員でこれを組織する」(43条)と規定していることの意味をしっかりと理解する必要があります。すなわち、衆参を問わず国会議員は「地域」ではなく、「全国民」の代表であることを理解しなければなりません。要するに、参議院議員はその出身選挙区がどこであろうと「全国民の代表」であって、「ある一地域(出身都道府県)の代表」ではないということです。憲法は、たとえば東京や神奈川選出の議員であっても、高知や徳島の住民のことを考えて行動することを要請しているのです。

3　参議院の役割を根本から考えよう

とはいえ、実は最高裁も、参議院議員には地域代表的な性格もあることを認めています（最大判1983年4月27日）。しかし、そのうえで最高裁は、「法の下の平等」（14条1項）および「平等選挙」（44条）といった憲法上の諸原則に照らし、2010年と2013年の選挙は違憲状態にあると判断したのです。このことは、仮に47条を改定したところで根本的に変わるものではありません。

では、43条を改定して「参議院議員は地域の代表でもある」旨を明記するのはどうでしょうか。この場合、その影響は従来の参議院の役割や二院制の見直しに及びます。憲法上「地域の代表」と位置づけられた参議院は、連邦制をとるアメリカの上院やドイツの連邦参議院に近づく可能性があります。しかし、そうなると議論は、典型的な中央集権国家である日本への連邦制の導入の是非にまで及びます。そして、そこまで話が進むと、その連邦制を支える自治体として現行の都道府県はサイズが「小さ過ぎる」がゆえに、東北や九州を単位とする「道州制」を導入すべき……という主張もなされるでしょう。そうなると事は、1945年の敗戦以来どころか、1868年の明治維新以来のこの国の統治機構の根幹に関わります。そういう骨太な議論を回避しつつ憲法の条文に手を付けるのは、あまりにも軽率な振る舞いであると言わざるをえないでしょう。

ここでは一度「参議院議員＝地域の代表」という固定観念を捨てることが求められています。たとえば、「18 ～ 29歳」「30 ～ 39歳」といった「年齢別選挙区」を構成するというのはどうでしょうか。また、女性国会議員を増やすために、議席に一定数の「女性枠」を設けることも考察に値するでしょう。そのほかにも「障害者」「性的少数者」「少数民族」といった議席枠の設置も考えられます。選挙制度とは、本来このような大局的な視点からさまざまなアイディアを出し合って議論すべき事柄であり、「あるべき参議院の役割」に対する根本的な追求が欠かせないはずなのです。

（石川 裕一郎）

3

緊急事態条項

自民党改憲条文素案

第73条の2

① 大地震その他の異常かつ大規模な災害により、国会による法律の制定を待ついとまがないと認める特別な事情があるときは、内閣は、法律で定めるところにより、国民の生命、身体及び財産を保護するため、政令を制定することができる。
② 内閣は、前項の政令を制定したときは、法律で定めるところにより、速やかに国会の承認を求めなければならない。
(※内閣の事務を定める第73条の次に追加)

第64条の2

第64条の2 大地震その他の異常かつ大規模な災害により、衆議院議員の総選挙又は参議院議員の通常選挙の適正な実施が困難であると認めるときは、国会は、法律で定めるところにより、各議院の出席議員の3分の2以上の多数で、その任期の特例を定めることができる。
(※国会の章の末尾に特例規定として追加)

徹底解説

首相や内閣の体制を半永久的に持続させることも意図しているのでは？

1　そもそも緊急事態って何？

自民党改憲条文素案が示す緊急事態とは、「大地震その他の異常かつ大規模な災害」でした。これに対し、2012年の自民党「日本国憲法改正草案」（以下、2012年自民党案という）では、①我が国に対する外部からの武力攻撃、②内乱等による社会秩序の混乱、③地震等による大規模な自然災害、④その他の法律で定める緊急事態と本部案よりも範囲が広いものでした。

これらを見て、「うんうんそうだよ！」と同意した人もいるのではないでしょうか。ただ、よくよく読んでみると気になる点があります。

第1点。改憲条文素案の"災害"の部分です。自民党憲法改正推進本部は会合で自然災害を強調したそうですが本素案にはそう書いておりません。この点、国民保護法は「武力攻撃災害」（武力攻撃により直接又は間接に生ずる人の死亡又は負傷、火事、爆発、放射性物質の放出その他の人的又は物的災害）という用語を使用しています（2条4項）。要するに、素案の"災害"は現行法のこの意味も読み込むことも可能なのです。

もう1点。"等"や"その他"という曖昧な言葉。安倍首相は2017年5月3日、読売新聞のインタビューにて、大規模災害などの緊急事態＝国難と発言した後、同年9月25日の衆院解散を「国難突破解散」と位置づけています。この"国難"は①急速に進む少子高齢化、②北朝鮮の脅威とのことですが、仮に安倍首相に緊急事態宣言権があるとするならば、首相の気分で「えっ、こんなことも！」と思うようなことが緊急事態に位置づけられる可能性もあるのです。過去に、辞書の定義すら閣議決定で変えた経緯もある位ですし、自民党案のＱ＆Ａでもこれらは単なる例示に過ぎないとしておりますし……。

2　内閣の政令制定権って何？

立法というと、我々の代表者である国会議員が集う国会にて作られる法律をイメージする人が多いと思いますが(国会が唯一の立法機関という憲法41条規定)、日本にはさまざまな種類の法令が存在します(条例や条約など)。その1つが行政の作る“命令”なのです(内閣は政令、各省は省令)。ただ、行政は自由に何でもかんでも命令を作っていいというわけではありません。憲法41条の趣旨を踏まえるならば、法律で個別的･具体的枠組を示した上で、①行政の専門性をいかす必要がある場合、②社会状況に基づき迅速対応せねばならぬ場合、行政に立法を委任することができるのです(委任命令)。したがって、例えば、災害対策基本法2条1号は、災害の定義として、「暴風、竜巻、豪雨、豪雪、……その他の異常な自然現象又は大規模な火事若しくは爆発その他その及ぼす被害の程度においてこれらに類する**政令**で定める原因により生ずる被害」とより個別具体的な委任命令の規定を置いているのです。無論、上位法である法律(のみならず、憲法)に反する立法は認められませんし、具体的内容を法律で定めず一切を命令に委ねる白紙委任はもっての他です。ではなぜこれらはだめなのでしょうか。

例えば、戦前の国家総動員法(1938年)は「政府ハ戦時ニ際シ国家総動員上必要アルトキハ勅令ノ定ムル所ニ依リ」と4～26条まで抽象的な文言を繰り返し定め、白紙委任に近い行政立法を認めました。この立法内容は労働･経済･社会･生活面など広範囲にわたり、1943年までに80本制定された結果(敗戦までの数は不明)、臣民のあらゆる権利制限･停止が実現し身動きがとれない状況になってしまったのです。

自民党改憲条文素案は、2012年自民党案のような「法律の定めるところにより、内閣は法律と同一の効力を有する政令」制定が可能という書き方はしていませんが、緊急時には政令を優先させること、国会承認された政令とその他の法令との効力関係が不明なこと、委任内容に関して抽象的な書き方をしていることから法律で定める内容が人権制限を認めるものであったり、白紙委任になる可能性もあることなど疑問符がつくものになっています。果たして戦前の反省はどこに行ったのでしょうか。

3　でも議員の任期延長は必要でしょ？

政令制定権など内閣への権限集中の怖さはわかったけれど、国会議員の任期延長は必要と思った人もいるかもしれません。この点、2012年自民党案は、首相の緊急事態宣言後、自動的に議員任期延長がなされるようにみえる規定であったのに対し、改憲条文素案が緊急事態後、国会において議員任期延長を決めるとしたことは一応の変化と言えるでしょう。

しかし不思議なのは、現行憲法は民主政治徹底のため、濫用されやすい政府主導の緊急事態条項を置かない反面、緊急時に対応する術として、①国会の臨時会召集(53条)、②衆議院解散中の場合参議院の緊急集会での暫定処置(54条2項)を採用しています。さらに、実際の特殊な場合に対応する規定が災害対策基本法などで十分整備されているのです。したがって、仮に衆参同時選挙が行われるとしても、任期6年の参議院議員は3年毎に半数改選ですから、242名中121名は残り、彼らは全国民の代表として緊急集会は開催できるのです。もしかして、参院議員を全国民から地域の代表に変更しようとした合区解消の議論は、実は参院の緊急集会規定廃止に繋げる狙いもあったのではないでしょうか。

また、彼らは大都市などで大規模な災害が生じた場合を主張しますが、戦時中も選挙を行った例はあること、衆院議員が任期満了で選挙に至った例は1976年の1回しかないこと(2018年3月27日付読売新聞)、首相自らが緊急事態と言っていたのに昨年9月衆院を解散したことからも整合性がつきません。自民党憲法改正推進本部が意識する大規模災害がどの程度の規模かわかりませんが、仮に永田町を直撃し多数の議員が死亡するような大規模災害が生じ、ほんの一部の与党議員のみが生き残ったならば、一見厳格に見える“各議院の出席議員の三分の二以上”の要件も無意味なものになるでしょう。ましてやこれらの議員は大規模災害対応用に選出された議員ではないので、国民からその選挙の機会を奪うことになるのです。

さらに、国会の多数派から首相が選ばれる議院内閣制を採用している点を考えるならば、チェック機能が働くどころか、この議員任期延長案は首相や内閣の判断にお墨付きを与える追認機関になりかねないこと、その体制を半永久的に持続させることも意図しているように思えます。

(榎澤幸広)

森友問題よりも国会で優先すべき課題があると思うのですが…

森友問題

麻生太郎副総理兼財務相が「みんな、森友（学園）の方が TPP11より重大だと考えているのが日本の新聞のレベル」と参議院財政金融委員会で３月29日発言しました（2018年３月31日付毎日新聞）。麻生大臣は失言が多いことで有名ですが、流石にこれは、公文書改竄（かいざん）が発覚した財務省の長とは思えない発言です（長は行政文書の整理・保存権限などがある〔公文書管理法５条以下〕）。行政機関の活動の正確性を確保したり責任の所在を明確にするために、それらの文書の記録化は当たり前なのです（文書主義）。しかし、森友の事例によってその前提が崩され、国会に提出された行政文書が意図的に改竄され信用性が失われてしまいました。結果、その文書を基にしたそれ以後の手続も無論信用性がなくなるのは言うまでもありません（これが憲法改正過程時の話ならゾッとします）。

公文書問題と憲法改正

この時期、自民党憲法改正推進本部は総理による自衛隊の最高指揮監督権（９条の２）、緊急事態時の内閣の政令制定権（73条の２）を規定する案を出しました。しかし、改竄・隠蔽以外にも、2014年７月の集団的自衛権行使容認の閣議決定に関する与党と内閣法制局との協議記録を残さなかった件もあるのです。ならば、国会は承認手続において、何をもって首相や内閣の判断の正しさを検討すればよいのでしょうか。

問題はこれだけには留まりません。昨年、稲田防衛大臣のときにはないとされた陸上自衛隊イラク派遣の日報が大量に“発見”されたのを皮切りにそれ以外の日報も立て続けに“発見”されました。日報は「派遣部隊が毎日、現地の状況や日々の課題を報告」し、専用のネットワークで日本に送られ」るもので、「関係部署は閲覧でき、部隊の活動を検証し、教訓を引き出す基礎的な資料」になるものです（2018年4月4日付朝日新聞）。しかし当初、今年1月に陸上自衛隊研究本部（現・教育訓練研究本部）が把握していたというイラク日報の存在（小野寺防衛相には3月31日報告）は、もっと前の2017年3月27日の時点で確認されていたにも関わらず、当時の稲田防衛大臣には伝えられませんでした。これでは、戦前の軍部の暴走を反省し、憲法にシビリアン・コントロールを規定した意味がありません（66条2項）。ただし、行政機関の長は行政文書の管理状況について毎年度、内閣総理大臣に報告しなければならないので（公文書管理法9条1項）、「これは本当なの？」という疑問もわきます。本当だとするならば、防衛大臣が報告のための事前調査を怠ったということにもなるのです。また仮に日報の存在を首相も大臣も知らなかったならば、例えば、内閣は何を材料にして、2016年10～11月、陸上自衛隊の南スーダンPKOへの派遣延長などを判断したのでしょうか。現場の状況を最も把握できる日報を踏まえていないのなら、自衛官の人権をも軽んじているといわざるをえません。

したがって、上記の諸問題が生じている状況下で「究極の公文書である憲法」を現在改正するのは危険極まりないといえるでしょう（金子勝氏コメントを一部引用、2018年4月4日付日刊ゲンダイ）。

●公文書の扱いをめぐる日本政府の歴史

日本は敗戦時、自国に不都合な公文書焼却を全国自治体に命じましたが、戦後も公文書を残すことや情報公開に消極的で、公文書管理後進国でした。しかし、公文書が「健全な民主主義の根幹を支える国民共有の知的資源として、主権者である国民が主体的に利用し得るもの」とする公文書管理法が2011年施行されたことをきっかけに、この流れが変わるかと思われました。でもその直後、先の負の伝統に加え、何が特定秘密かわからない特定秘密保護法が作られ（2016年、44万4877件の特定秘密文書が各省庁の判断で廃棄）、国民は再び政府が何をやっているかわからない状況下に置かれつつある中で、今回の件がさらなる追い打ちをかけました。その上、批判を受けたことを理由に国会議事録の発言部分を削除するケースまでもが相次ぎ生じているように、この国は独裁国家へ足を踏み入れたと思うのは杞憂に過ぎないのでしょうか。

（榎澤幸広）

コラム2

24条改憲の外堀を埋める動き

家庭教育支援法案について

1950年代から保守改憲政党等は、憲法24条(家庭生活における個人の尊厳と両性の本質的平等)の改憲を強く求めてきました。現在、自民党が進めている改憲4項目には、24条は入っていません。しかし、最初の改憲が成功すると、保守改憲勢力は次の対象の筆頭格として24条を挙げる可能性があります。実際に2012年4月に自民党が発表した「日本国憲法改正草案」では、前文で家族や社会全体の助け合いが謳われています。また24条に、家族を社会の基礎的単位と位置づけ尊重すること、および家族が互いに助け合うことを導入する等の案が示されています。

現在の改憲の動きを考える上で、見逃してはならないことがあります。それは、24条改憲の外堀を埋める「家庭教育支援法」の制定が目指されている点です。自民党は2016年10月に同法案の素案を公表しました。その後、2017年2月にその修正がなされたようです(2017年2月14日付朝日新聞夕刊)。2018年1月22日に始まった第196回国会(通常国会)は、公文書改ざん事件等で紛糾しているため、会期終了までに法案が上程されることはないでしょう。しかし、次期国会以後に上程されることが予想されます。

家庭教育支援法案(自民党素案)の目的は、「家庭と地域社会との関係が希薄になったこと等の家庭教育をめぐる環境の変化」を受け、教育基本法(2006年の改定により愛国心を養うことが教育目標の一つとなった)の精神に基づき、「家庭教育支援に関する施策を総合的に推進すること」とされています(素案1条)。教育基本法が言及されていることからわかるように、その意図の一つは、家庭教育を通して愛国心を有する人材を養成することにあります。つまり、そうした目的で国家が家族に介入することを可能にする法律をつくりたい、ということなのです。このような介入は24条2項が謳う個人の尊厳を踏みにじることになりかねず、たいへん危険です。

(清末愛砂)

第4部

憲法改正国民投票ってなんだ

憲法改正のためには国民投票が実施されます。私たち主権者の意見が直接表明できるとして、「国民投票」を評価する人も少なくないかもしれません。ただ、ワイマール共和国時代に行われていた国民投票の歴史的教訓から、いまのドイツでは国民投票は実施されていません。国民投票制度にはなんの問題もないのでしょうか？

また、憲法改正のための国民投票法（2007年制定）は主権者の意思が正確に反映されるしくみなのでしょうか？　メディアでは「国民投票法」と言われることが多いですが、国民投票法は国民意思を正確に反映する制度でないとして、「改憲手続法」と表記する法律家も少なくありません。そこで本書では国民投票法（改憲手続法）などと表記します。

（飯島滋明）

1

Q 憲法改正の手続はどうなっていますか?

A 大まかには国会の発議⇒国民投票⇒天皇の公布、となります。

まず、憲法改正について定めた憲法96条の条文を紹介します。

> 1項　この憲法の改正は、各議院の総議員の3分の2以上の賛成で、国会が、これを発議し、国民に提案してその承認を経なければならない。この承認には、特別の国民投票又は国会の定める選挙の際に行なわれる投票において、その過半数の賛成を必要とする。
>
> 2項　憲法改正について前項の承認を経たときは、天皇は、国民の名で、この憲法と一体を成すものとして、直ちにこれを公布する。

憲法改正は①国会の発議⇒②国民投票⇒③天皇の公布、という流れになります。ここでは①と②について簡単に紹介します。

まず、衆議院では100名以上、参議院では50名以上の賛成者とともに憲法改正原案の提出者が自分の属する議院に憲法改正原案を提出します(国会法68条の2)。提出された憲法改正原案は憲法審査会で審議されます。憲法審査会で議論がなされ、憲法改正原案が可決されれば「本会議」に送られます。そして本会議で討論ののちに採択に付されます。本会議ですべての議員の3分の2以上の賛成があれば、憲法改正原案は別の院に送られます。憲法改正原案を送られた院でも憲法審査会での審議、採択⇒本会議での総議員の3分の2以上の賛成があれば、憲法96条1項の「国会の発議」があったこととされます。

憲法改正の発議後、国会が国民投票の日時を決定します。国民投票の日まで、国会に設置される「国民投票広報協議会」が「国民投票公報」を作成するなど、憲法改正案の宣伝などが行われます。また、憲法改正賛成と憲法改正反対をめぐって「国民投票運動」が展開されます。

そして憲法改正国民投票で、無効票を除いた「有効投票数」の過半数で賛成となれば国民が憲法改正を「承認」したものとされ、天皇が公布することになります。

（飯島滋明）

憲法改正国民投票の流れ

憲法改正原案の発議

衆議院議員 100 名以上の賛成

参議院議員　50 名以上の賛成

⬇

衆参両議院にて憲法改正原案の可決

憲法審査会で可決

（出席議員の過半数の賛成で可決）

本会議可決

（各議院の総議員の３分の２以上の賛成で可決）

国会が憲法改正を国民に発議

国民投票期日の決定

憲法改正の発議後 60 日から 180 日以内

国民投票

投票方法：憲法改正案ごとに一人一票

賛成投票の数が投票総数[*]の２分の１を超えた場合

承認される

憲法改正の公布手続

＊本来の「投票総数」とは、文字どおり全ての投票の総数ですが、総務省などの HP にいう「投票総数」とは、学説では「有効投票数説」と呼ばれるもので棄権票や無効票を含みません。本当の意味で、投票総数ではありません。

2

Q 国民投票は良い制度ではないですか？

A 「国民投票」は権力者に悪用される危険性があります。

憲法改正の際には国民投票が行われます（憲法96条）。国民投票とは主権者である国民の意思が直接表明されると考え、賛成する人も少なくないかもしれません。ただ、「独裁者ほど国民投票を好む」と言われます。実際、フランスではナポレオン1世や3世、ドイツではヒトラーが国民投票を悪用し、自己の地位や政策を強化してきた歴史があります。

主権者の意思を問うためでなく、権力者の地位や政策を強化するために権力者が悪用する国民投票は「プレビシット」と言われます。フランスの憲法の本でも、「二人のナポレオン、ヒトラーとフランコ、1978年のチリでのアウグスト・ピノチェト、2002年のサダム・フセインなど」による国民投票の悪用が指摘されています（Bernard Chantebout, Droit constitutionnel, 26ed, Dalloz, 2009, p.208.）。国民投票は権力者に悪用される危険性、すなわち「プレビシット」の危険性に注意する必要があります。

憲法改正の国民投票も同じです。改憲を目指す安倍首相や自民党にとって都合の悪い結果が出る可能性が高いときに国民投票をするでしょうか？実際に憲法改正国民投票が行われるのは、権力者に都合の良い結果が出る可能性が高いとき、具体的には、政府や政府に忖度する一部のメディアが北朝鮮や中国の脅威をあおって「憲法改正が必要だ」と大々的に宣伝し、そうした宣伝の影響を受け、憲法改正に賛成する国民が多いと権力者が判断したときであると警戒する必要があります。

（飯島滋明）

3

Q　国民投票法（改憲手続法）にはどのような問題がありますか？

A　国民意思が正確かつ適切に反映されるしくみとなっていません。

国民投票が適切におこなわれるためには

先に紹介したように、ドイツではヒトラーが、フランスではナポレオン1世や3世が「国民投票」を悪用し、自己の地位や政策を強化してきた歴史があります。憲法改正国民投票が権力者に悪用される「プレビシット」にならないためには、①憲法改正賛成派と反対派の見解が公正かつ適切に主権者に提供される必要があります。また、②多くの国民が一時的な感情に流されず、十分な議論をしたうえで国民投票に臨むことが必要です。さらに、③多くの国民の意思が国民投票で適切に表明されることが必要です。

ところが2007年に安倍自公政権下で制定された国民投票法（改憲手続法）は、こうしたしくみになっていません。具体的には、①改憲賛成派が大々的に流布される一方、改憲反対派の見解が十分に紹介されない可能性、②国民が十分に議論できず、あるいは一時的な感情に流された状態で国民投票に臨むことになる危険性、③適切に国民意思が表明されない危険性があります。こうした問題について簡単に紹介します。

改憲賛成派が大々的に宣伝できる一方、改憲反対派の見解が封じられる危険性

賛成派だけの意見が大々的に宣伝される一方、憲法改正に反対する見解がほとんど流れないといった状況が生じる危険性があります。

①　国民投票運動CMに関して

国民投票法では「国民投票運動CM」は投票14日前まで可能とされます（105条）。これでは経済力を持つ団体がテレビCMなどを買い占め、一方的に憲法改正に関する意見をCMで宣伝できます。しかもCMで禁止されているのは「憲法改正に賛成の投票をしよう」といった「国民投票運動CM」だけで、例えば国民的人気がある俳優などが「私は憲法改正に賛成で

す」と意見を述べるだけ(ただし影響力がある)の「意見表明CM」は直前まで行われる可能性があります。

② **地位利用に関して**

国民投票法では、公務員や教師が地位を利用して国民投票運動を行うことが禁止されています(103条)。ただ、何をしたら公務員や教師が「地位を利用」し、法律に違反したことになるのか明確ではありません。安倍首相などの自民党政治家は、「日教組」(日本教職員組合)と「自治労」(全日本自治団体労働組合)を敵視し続けてきました。「地位利用」の規定はこうした団体に憲法改正反対の活動を自粛させる危険性があります。

③ **「組織的多数人買収及び利害誘導罪」(109条)について**

この規定でも、何をしたら「犯罪」となるのか明確ではありません。その結果、憲法改正に反対する市民団体の行為が「犯罪」にあたるとされ、憲法改正に関する運動を封じられてしまう危険性があります。原発再稼動に反対する市民や沖縄で基地建設に反対する市民など、政府に反対する市民に違法･不当な逮捕、起訴(刑事裁判にかけること)などが続いている現状も念頭におく必要があります。

④ **国民投票の際の「公平原則」について**

「国民投票に関する放送については、放送法第3条の2第1項の規定の趣旨に留意する」(国民投票法104条)と定められています。「政治的に公平であること」(放送法3条の2第1項2号)、「報道は事実をまげないですること」(放送法3条の2第1項3号)に配慮していないと政府から難癖をつけられるとメディアが「忖度」に追い込まれる可能性があります。

⑤ **「国民投票広報協議会」について**

憲法改正に関してテレビやラジオや新聞で広報を行い、「国民投票公報」を作成して国民に配布するといった広報活動を行う機関として「国民投票広報協議会」が設置されます(国民投票法11条など)。国民投票広報協議会の委員は議員数に応じて会派ごとに割り当てられることになっています(同法12条3項)。憲法改正国民投票が行なわれるのは各議院の3分の2以上の賛成が必要なことから、「議員数に応じて会派ごと」に委員が割り当てられれば、憲法改正に賛成の国会議員が多数を占めることになります。そのため、国民投票広報協議会の活動が憲法改正賛成派に有利になるように行われる可能性があります。たとえば「国民投票公報」が憲法改正に有利な内容で作成される可能性があります。

：不十分な期間

国民投票法では、国会が憲法改正を発議してから60日から180日の間に国民投票が行われます（2条）。たとえば国会の発議から60日後に憲法改正が行われるとしたら、仕事や日常生活に追われている国民が60日間で憲法改正問題について十分議論できるでしょうか？　「国民投票公報」が市民の手に届くのが国民投票直前になるなど、不合理な状況が生じる可能性もあります。

また、発議から国民投票までの期間が短いため、一時的な国民感情で憲法改正という、国の基本に関わることが決められてしまう危険性があります。最近では、2016年6月のイギリスでのEU離脱をめぐる国民投票が、一時的な国民感情で国政の重要問題を決めた危険性の実例です。

：国民意思が正確に反映されない危険性

国民投票には「最低投票率」「法定得票率」の定めがありません。その結果、少数の国民の意思で憲法改正が成立するという致命的欠陥があります。たとえば有権者の3パーセントしか投票せず、さらに有権者の2パーセントの賛成で「憲法改正」が実現してしまうのです。このような状況で、主権者が憲法改正に賛成したと言えるでしょうか。

また、憲法96条1項では「投票において、その過半数の賛成」とされています。つまり「投票総数」の過半数とされていますが、国民投票法では無効票を除いた「有効投票数」の過半数とされています（98条2項）。このしくみも憲法改正を目指す権力者には有利です。

そして最後に、「憲法改正原案の発議は内容において関連する事項ごとに区分して行う」（国会法68条の2）ことになっています。かつて自民党の中には、憲法改正を実現させたいために憲法9条の改憲と、国民受けの良い「環境権」などを一括して国民投票をおこなうことを主張する議員も少なくありませんでした。どのような条文案が国民投票にかけられるのかについても、私たちは十分に注意する必要があります。

（飯島滋明）

4

Q 国民投票運動の規制にはどんな問題がありますか?

A 規制は曖昧な上に、国民の知る権利に応えるものになっていません。

国民投票運動の定義の曖昧さ

憲法改正は国の将来にかかわる重大な決定ですから、主権者である国民の表現の自由・政治活動の自由は、最大限保障される必要があります。国民投票法(改憲手続法)も、表現の自由など「国民の自由と権利を不当に侵害しないよう留意」(100条)するよう定めています。その一方、国民投票法は政治活動の規制にあたって、「憲法改正案に対し賛成又は反対の投票をし又はしないよう勧誘する行為」を「国民投票運動」と呼んで、これに対して必要な規制をする方式をとっています(100条の2)。

しかし、この定義の「勧誘」という言葉はきわめて曖昧です。たとえば、「憲法9条を守れ」とか「改憲は必要なし」といった発言も、聞き手との関係や文脈次第で勧誘と受け取られるかもしれません。発言者の意図とかかわりなく、規制する側の状況判断に基づいて「投票の勧誘だ」と決めつけることもできます。そのため、規制の範囲がどんどん拡大していくおそれがあります。このような曖昧な言葉で、表現の自由を規制することは許されません。また、国民投票は、発議から60日以後180日以内に実施されることになっており、国民投票運動の規制が最大180日に及ぶ可能性があります(2条1項)。規制期間が長い点も問題です。

バランスを欠いた国民投票運動の規制

(1) 公務員と学校の教員は、その地位にともなう「影響力又は便益を利用して」国民投票運動を行うことが禁止されています(国民投票法103条)。罰則はありませんが、行政上の懲戒処分の対象となる可能性があります。もちろん公務員が権限をちらつかせて、投票の勧誘を行うのは許されません。

しかし、「影響力」という言葉も曖昧です。たとえば、教員が授業で、憲法改正案に関する模擬投票を行い、「反対が多数だね。この結果について家族と話しあってみましょう」と言ったとします。その教員は発議の前から、「憲法は今のままでいい」と生徒に話していました。そのため、教員の発言が投票の勧誘と受け止められ、子どもから話を聞いた保護者に間接的に影響を与えるかもしれません。これも広い意味で「影響力」の行使です。教員は処分を避けるために、必要以上に発言を控えるでしょう。このような曖昧な言葉で教員を萎縮させる規制は許されません。

(2)　改憲の論議では、さまざまな立場の人が議論に参加し、互いに言論には言論で対抗し合うことが原則です。そのことで、国民は、賢明な判断を下すために必要な正しい情報と多様な意見に接することができます。国民の知る権利に応えるためには、発言するための有効な手段が、すべての人に等しく保障されている必要があります。

国民投票運動の最も効果的な手段は、情報を受け手にダイレクトに伝えるテレビなどの放送です。その分、放送での広告には、多額の費用がかかります。放送のインパクトのために、放送による有料広告は、投票期日の14日前から禁止されます(国民投票法105条)。ただし、それまでは自由ですし、直前の14日も勧誘にならないよう表現を工夫すれば許されます。

そこで、お金にものを言わせて、発議から投票まで放送の有料広告により自分たちの主張を集中豪雨的に流し、相手を圧倒することも可能です。憲法改正の議論は一方の主張で塗り込められ、放送を利用する資金のない人は、これに対抗できません。議論の説得力ではなく、お金の力によって国民投票の結果が左右されてはなりません。しかし、国民投票法にはこれを防ぐための手立てが欠けています。　（岩本一郎）

5

Q「最低投票率」「法定得票率」にはどのような問題がありますか？

A とても少ない投票でも憲法改正が成立する危険性があります。

国民投票法(改憲手続法)には、有権者の〜%が投票しなければ投票が成立しないという「最低投票率」や、有権者の〜%の票を得なければ「賛成」として扱わないという「法定得票率」に関する定めがありません。そのため、少数の国民の意思で憲法改正が成立するという致命的欠陥があります。自民党や公明党の議員は、憲法で規定されていないので「最低投票率」を設けるのは憲法違反と主張します。ただ、「最低投票率」「法定得票率」が定められていない場合、たとえば有権者の3パーセントしか投票せず、さらに有権者の2パーセントの賛成で「憲法改正」が実現します。これで主権者である国民の意思が適切に表明されたといえるでしょうか？

実際の選挙でも、自治体の首長は有効投票数の4分の1以上の得票を得なければ「当選」とはされません。小選挙区で選出される衆議院議員選挙や選挙区で選出される参議院議員選挙などでも、当選のための「最低得票数」が公職選挙法で定められています(95条)。僅かな票しか得ていない人を「国民代表」「住民代表」とするのは「国民主権」「住民自治」の観点からは問題だからです。「憲法改正国民投票」の場面でも、極めて少数の市民だけで憲法改正の是非が決められないようにするためには「最低投票率」や「法定得票率」の定めは必要です。

さらには国民が十分に憲法改正の問題について認識しないうち権力者が憲法を改正するような事態を防ぐためにも、憲法改正国民投票には「最低投票率」や「法定得票率」の定めが必要です。

(飯島滋明)

6

Q 国民投票は誰ができるのですか？

A 「日本国民で年齢満18歳以上の者」だけで良いのか、イギリスやフランスの実例からも問題です。

国民投票法(改憲手続法)では、「日本国民で年齢満18年以上の者は、国民投票の投票権を有する」(3条)と定められています。ここでは在日コリアンの投票の問題について考えてみましょう。

1910年にはじまる日本の植民地支配の結果、朝鮮人は日本に強制的に連行されたり、生活のために日本に来ざるを得ない状況に置かれました。日本の敗戦後、日本にいた朝鮮人は一斉に祖国に帰る準備をしました。ところがGHQ（連合国軍最高司令官総司令部)は日本にいた朝鮮人に1000円以上の財産の持ち出しを禁止しました。また、朝鮮戦争(1950年～53年休戦)や朝鮮半島でコレラが流行するなど、朝鮮人は本国への帰国を断念せざるを得なくなりました。在日コリアンは、こうした事情で本国に帰国できなくなった人やその子孫たちです。

しかも1925年から45年の日本敗戦まで、朝鮮人には参政権が認められていました。ところが最終的には1952年4月28日、日本政府は朝鮮人の国籍、ひいては選挙権・被選挙権を剥奪しました。こうした対応は、「何人も、恣意的にその国籍を奪われ、またはその国籍を変更する権利を否認されることはない」(世界人権宣言15条2項)違反です。

イギリスやフランスでは、日本でいえば在日コリアンにあたる旧植民地出身者には二重国籍と参政権を認めています。日本の植民地支配の結果、数十年以上にわたり日本で生活せざるを得ない状況に置かれ、改憲の影響も日本人同様、場合によってはそれ以上に受ける可能性がある在日コリアンに憲法改正の国民投票の投票権を認めないのは適切でしょうか？

(飯島滋明)

現代人文社の憲法関連書籍の案内

これでいいのか！
日本の民主主義

失言・名言から読み解く憲法

榎澤幸広・奥田喜道・飯島滋明◎編著

定価：本体1,500円+税　**発売中**

もう忘れていませんか？　政治家の失言・暴言

第１部　未来に絶望を与える失言・暴言

失言・暴言❶ナチスの手口を学んだらどうか（麻生太郎副総理）

失言・暴言❷ポツダム宣言を詳らかに読んでいない（安倍晋三首相）

失言・暴言❸「だって戦争に行きたくないじゃん」という自分中心、極端な利己的考え（武藤貴也衆議院議員）

失言・暴言❹（憲法解釈の）最高責任者は私です（安倍晋三首相）

失言・暴言❺徴兵制はありえない（安倍晋三首相）

失言・暴言❻自衛隊発足以降、……1800名の自衛隊員の方々が、……殉職をされておられます（安倍晋三首相）

失言・暴言❼シビリアン・コントロール上も問題ない（中谷元防衛大臣）

失言・暴言❽違憲立法かどうかを含めて最終的な判断は最高裁が行う（安倍晋三首相）

失言・暴言❾たいていの憲法学者より私は考えてきた（高村正彦自民党副総裁）

失言・暴言❿マスコミを懲らしめるには、広告料収入がなくなるのが一番（大西英男衆議院議員）

失言・暴言⓫核兵器も法文上運搬可能（中谷元防衛大臣）

失言・暴言⓬法的安定性は関係ない（礒崎陽輔首相補佐官）

第２部　未来に希望を与える名言

第３部　民主主義にコール！　いま何ができるのか

鷹巣直美さん（「憲法９条にノーベル平和賞を」共同代表）に聞く

西郷南海子さん（安保関連法に反対するママの会・発起人）に聞く

髙野千春さん（SEALDs、Re-DEMOS研究員）+本間信和さん（SEALDs、Re-DEMOS研究員）に聞く

第5部
改憲は自分に関係ないと思っているあなたへ

ここまで、憲法とは何かという基本から、自民党改憲条文素案の問題点、そして国民投票法の問題点について紹介してきました。でも、まだ憲法が私たちの生活に、あるいは私たちのこれまでの取組みにどんな影響があるのか、ピンと来ていない方もいるでしょう。

最後に、あらためて憲法が変えられるということはどういうことなのかを考えてみたいと思います。本書巻頭の山城さんのインタビューでも沖縄戦の悲惨さと、いまの沖縄に「緊急事態条項」が適用されたときの危険性が表れていました。これはけっして沖縄だけの問題ではありません。第5部では北海道を取り上げましたが、あなたが住んでいる地域も無関係ではありません。

多くの人たちと手を結ぶために、私たち自身の問題として捉えなおしてみましょう。

（池田賢太）

1 改憲の動きに対してどのように対応すべきでしょうか？

憲法改正国民投票に持ち込ませない状況づくり

安倍首相による憲法改正の本質を知っていただきたいので、「憲法改正誓いの儀式」というYoutubeを紹介します。2012年4月以降の動画です。たとえば第1次安倍政権のときに法務大臣であった長勢甚遠氏は「国民主権、基本的人権の尊重、平和主義、……この3つをなくさなければですね、本当の自主憲法とはならないのです」と言っています。こうした発言の横で安倍首相は拍手をしています。こうした憲法改正、私たちの生命や安全を守ることになるのでしょうか？　子どもや孫などの将来の世代に責任を負うことができるのでしょうか？　こうした憲法改正を認めたらたいへんだと思うのなら、私たちはいろいろ行動することになります。

まずは国民投票に持ち込ませないための状況づくりです。権力者にとって「国民投票」は諸刃の剣です。国民投票で負ければ責任者は地位を追われます。

最近も、2016年6月にイギリスではEU離脱をめぐる国民投票が行われました。キャメロン首相はEU残留という結果を得ようとしました。ところが国民投票ではEU離脱という結果となり、キャメロン首相は辞職に追い込まれました。2016年12月のイタリアでの憲法改正国民投票は否決され、レンツィ首相は辞職しました。安倍首相が主導する憲法改正国民投票も「否決」となれば安倍首相は退陣に追い込まれます。主権者が国民投票で憲法改正を否定したという事実は重くのしかかり、当分は「憲法改正」を政治の場で議論できなくなる可能性が高くなります。

そこで憲法改正に反対する集会やデモ、学習会などが全国で頻繁に行われれば、あるいは「安倍改憲No!　憲法を生かす全国統一署名」(3000万署名)などが着実に実行されれば、安倍首相などには憲法改正国民投票をためら

う状況が生じます。集会やデモが大規模であればあるほど、署名の数が多ければ多いほど、憲法改正を進める政治への圧力は強くなります。「私なんかが参加しても」と思うかもしれませんが、「大海の水も一滴」からです。私たちがデモや集会、署名などに参加する意義は決して小さくありません。

⁝国民投票を見すえての市民への働きかけ

ただ、安倍自公政権は国政レベルでは「特定秘密保護法制定」「原発再稼働」「安保法制定」「共謀罪制定」など、地域レベルでも沖縄の民意を無視して基地建設を強行し、反対派市民を弾圧するといったように、国民意思に反する政治を強行してきました。憲法改正の場面でも世論を無視した対応をするかもしれません。そこで国民投票になる可能性も視野に入れ、国民投票の場で「否決」に追い込む活動にも一人ひとりの市民が取りくむことが求められます。

憲法改正の場面では、①憲法改正に反対する市民、②憲法改正に賛成する市民、③憲法改正の是非について確たる意見がない市民がいます。とくに③の市民に対して、憲法改正の「内容」の危険性と、国民投票法(改憲手続法)のような、国民意思を適切かつ公平に反映しない国民投票のしくみで国民投票を実施しようとする「手続」の問題を多くの市民に広める必要があります。そして憲法改正の内容の危険性や、「いかさま」的な国民投票のしくみを紹介する際には、「自分に関係ない」と思わせない説明、「分かりやすい」説明が必要です。

（飯島滋明）

2 改憲は「北海道」にどのような影響をもたらすでしょうか？

北海道も「憲法番外地」

沖縄は、「憲法番外地」と呼ばれることがあります。しかし、北海道もまた「憲法番外地」といえるでしょう。その表れとして、多くの憲法訴訟の舞台となってきました。特に、自衛隊の合憲性が争われた恵庭事件と長沼ナイキ訴訟は欠かすことができない憲法訴訟といえるでしょう。

三論一体の取組みで、積み重ねてきた平和的生存権

恵庭事件は、恵庭市内（当時は北海道千歳郡恵庭町）に住んでいた酪農家の兄弟が、陸上自衛隊島松演習場で電話線を切断したことで、自衛隊法121条違反に問われた刑事事件です。この兄弟は、自衛隊の実弾射撃演習の音がひどく牛乳生産量が落ち込んだため、何度も自衛隊との交渉を行いました。それにもかかわらず、約束が反故にされたため、やむなく島松演習場の電話線を切断し、実弾射撃演習を阻止しました。詳しくは、恵庭事件を題材としたドキュメンタリー映画「憲法を武器として～恵庭事件　知られざる50年目の真実」（稲塚秀孝監督、2017年）をご覧いただくことをお勧めします。

この事件で正面から自衛隊の合憲性が争われましたが、電話線は「その他防衛の用に供するもの」に当たらないとして無罪判決を言い渡して、憲法判断を避けました。この判決を聞いて、検察官は喜び踊ったといいます。自衛隊違憲判決を覚悟していたのでしょう。

検察官、つまり国をそこまで追い込んだ背景には、三論一体の闘いがありました。それを導いたのは当時北海道大学で憲法学を教えていた深瀬忠一さんです。深瀬さんは、特別代理人として、全国の弁護士たちとともにこの事件を闘いました。三論とは、「理論、弁論、世論」の3つです。学

問的研究の成果(理論)を、法廷において主張(弁論)し、裁判だけではなく広く社会に訴える(世論)ことが必要だということです。

この三論一体の闘いは、その後に続く長沼ナイキ事件、百里基地訴訟、イラク自衛隊派遣差止訴訟、陸上自衛隊情報保全対国民監視差止訴訟、陸上自衛隊南スーダンPKO派遣差止訴訟へと受け継がれています。

いま、南スーダン派遣違憲訴訟で問うているもの

2016年11月30日、陸上自衛官のお母さんが国を相手に裁判を始めました。息子が所属する部隊が南スーダンPKOへ派遣されると知り、いてもたってもいられなくなって、その差止めを求めたのです。

原告と弁護団は、PKOの実態と南スーダンの実態を解明(理論)し、法廷の場でその事実を突き付け(弁論)、日報隠しも含めて、戦争の真相究明をまさに世論の力で動かそうとしています。

陸自の施設部隊は撤退しましたが、UNMISS(アンミス)(国連南スーダン共和国ミッション)司令部には現在も自衛官を派遣しています。日報も出てきました。この問題を動かしているのは、憲法9条であり、前文であり、日本国憲法そのものです。自衛官と家族の「殺し殺される」という恐怖に対して、平和的生存権を掲げて、理性と理論で向き合っています。

改憲がなされると、このような闘いもできなくなる可能性があります。平和的生存権が無力化されると、暴力の支配がはじまります。自衛官は国外で加害者になって帰ってくるかもしれません。その後、PTSDに悩み、国内でも暴力に苛まれるかもしれません。暴力の連鎖を断ち切ることは、国家による暴力を排除することから始まるのです。　(池田賢太)

3 それでも関係ないと思っている あなたへ

喜んで「嘘つきのオオカミ少年」になる

日本国憲法が制定されてから、憲法の研究者、弁護士などの法律家、あるいはジャーナリストたち(つまり、この本を作っているような人たち)は、たびたび「日本国憲法の危機」を訴えてきました。ところが幸いなことに、彼らの予言はあまり現実化しませんでした。例えば、自衛隊はいまだに、実際の戦争で人を殺したことはありません。

このような歴史からすれば、「この本を作った人たちも、嘘つきのオオカミ少年なんじゃないの？」と思われても仕方ないと思います。というよりも、この本を作ったメンバーは喜んで「嘘つきのオオカミ少年」と呼ばれたいと思っています。だって、もしそうだとすれば、日本も世界も平和だということになりますから。

「これからこうなる」ではなく「もう、こうなってきている」へ

ところが残念なことに、事態は私たちが危惧しているような方向へ既に進んできています。2つだけ例を挙げましょう。この2つの例は、「これからこうなる」という話ではなく「もう、こうなってきている」という話です。

1つ目。日本が外敵から侵略され、それに自衛隊が反撃しようとすれば、当然ですが、自衛隊員や武器・弾薬などを運ぶ必要が出てきます。ところが、例えば海上自衛隊は、大型の輸送艦を3隻しか持っていません。そうすると、人や物を運ぶ仕事は民間の船舶が行わざるを得なくなります。実際に防衛省は、既に民間の船舶を活用するための準備を進めています。つまり、自衛隊員ではない普通の船員が、戦争に出ていくことになります。自衛隊員や武器・弾薬を運んでいる船は、戦争の相手国から見れば「敵」そのもの

ですから、たとえ民間のものであろうと攻撃の対象です。

2つ目。戦争になれば、民間人にも死者やけが人が出ます。そのため、国民保護法（武力攻撃事態における国民の保護のための措置に関する法律）では、武力攻撃事態が起きた場合に「医療関係者」（医師など12職種）に対して、「協力」を要請することができると定められています。この法律に基づいてすでに全国で行われている「国民保護訓練」では、病院などに勤務する医療関係者はもちろんのこと、まだ学校で勉強中の看護学生などが訓練に動員されています。彼らは、授業の一環として訓練に参加するように学校から言われているので、資格が取りたければ訓練に参加せざるを得ません。武力攻撃事態が発生したときに「協力」に応じて攻撃のただ中に出ていくことになるのは、国民保護訓練に参加したことのある人が先、ということになるでしょう。医療関連の学校は、すでに自分たちの学生をそういう立場に追い込んでいるということになります。

⁝まだ間に合います

自衛隊を憲法に書き込むということは、憲法の上でも、自衛隊があることが当然の国になる、ということです。軍隊や自衛隊がないことを前提として組み立てられていた日本という国の仕組みや私たちの生活が、反対の方向へひっくり返ってしまうということになります。

アメリカ合衆国第34代大統領のドワイト・D・アイゼンハワーは、自らの退任演説の中で、軍隊と産業界の繋がり（「軍産複合体」）が社会のあり方に決定的な影響を及ぼしていることを指摘しました。職業軍人出身でありアメリカ政府最高の権力者である大統領のアイゼンハワーにとってさえ、社会全体の軍事化を防ぐことは困難だったのです。

しかし、今の日本なら、まだ間に合います。少なくとも日本国憲法には「自衛隊」という言葉はなく、また、軍隊の存在が前提となっている条文も、戦争をすることが前提となっている条文も、日本国憲法にはありません。私たちが「このままの憲法がいい」と決めさえすれば、私たちの生活自体を、軍隊や戦争を前提としないものへ押し戻す可能性をひらくことができるのです。

（渡邊弘）

年表／改憲をめぐる動き

1947年	**日本国憲法施行**
1950年	朝鮮戦争、警察予備隊の設置
1951年	サンフランシスコ講和条約締結（沖縄等は米国の施政権下） 旧日米安保条約締結
1952年	日米行政協定締結 警察予備隊が保安隊に改組
1954年	**防衛2法（自衛隊法、防衛庁設置法）成立** **保安隊の再改組による自衛隊の設置**
1960年	**新日米安保条約・在日米軍の地位に関する日米協定締結**
1972年	沖縄返還
1978年	第一次日米ガイドライン（日米防衛協力のための指針）策定
1992年	**PKO（国連平和維持活動）協力法成立**
1994年	読売新聞「憲法改正試案」発表
1997年	第二次日米ガイドライン策定
1999年	**周辺事態法等のガイドライン関連法成立（船舶検査法は2000年）**
2000年	憲法調査会設置（衆参両院）
2001年	テロ対策特別措置法成立
2003年	**武力攻撃事態法等の有事関連3法成立** **イラク特別措置法**

2004年	自民党政務調査会・憲法調査会憲法改正プロジェクトチーム「論点整理」発表 **国民保護法等の有事7法成立**
2005年	自民党「新憲法草案」発表
2006年	第一次安倍内閣成立、**改定教育基本法成立**
2007年	**国民投票法（改憲手続法）成立** **憲法審査会設置（衆参両院）**
2009年	**海賊対処法成立**
2012年	**自民党憲法改正推進本部「日本国憲法改正草案」発表** 第2次安倍内閣成立
2013年	特定秘密保護法成立 **「国家安全保障戦略」策定により「積極的平和主義」が安全保障政策の基本方針に**
2014年	**集団的自衛権の限定行使を容認する閣議決定**
2015年	**第三次日米ガイドライン策定** **安全保障関連法成立**
2016年	**参議院選挙により衆参両院の改憲勢力が3分の2を超える**
2017年	**安倍晋三首相が改憲4項目を発表** 改定組織的犯罪処罰法（共謀罪）成立 自民党が衆議院選挙の公約に改憲4項目を提示 **衆議院選挙でも衆参両院の改憲勢力3分の2が維持される**
2018年	**自民党憲法改正推進本部が改憲4項目の条文素案をまとめる** **自民党の党大会で2018年度運動方針に改憲が示される**

作成：清末愛砂

おわりに

本書は、2017年12月に発行した『ピンポイントでわかる 自衛隊明文改憲の論点――だまされるな！怪しい明文改憲』（GENJINブックレット66）に続く2冊目のブックレットです。

現在、国会周辺を含む全国各地では、森友学園をめぐる公文書の改ざんや陸自日報隠ぺいなどに対する抗議行動が展開されており、多数の市民がその全貌を明らかにすることを強く求めています。また、国会でもこれらの問題の究明のために野党が結集し、政権に揺さぶりをかけています。

これらの動きを見ていると、自民党が2017年5月以降に急速な勢いで進めてきた改憲の進み方が弱まったかのような印象を受けます。しかし、そんなことはまったくありません。自民党は野党の追及や市民の声にはいっさい耳を傾けることなく、改憲に向けて動いています。そうであるからこそ、2018年3月25日に開かれた自民党の党大会で2018年度運動方針の第1項目として改憲が示されたのです。

＊

本書を読まれて、皆さまはどのような感想を持たれたでしょうか。疑問に思っていたことがクリアーになった、改憲問題にがぜん関心がわいた、関連する本をもっと読んでみたいなど、さまざまな感想を持たれたと思います。執筆者全員が本書を通してできるだけ多くの方々に伝えたかったことは、私たちだけでなく、次世代以降の人々の基本的人権を大きく侵害しかねない改憲構想がいま、現実に進んでいるという点です。失うことは簡単です。しかし、一度失うとそれを取り戻すためにはたいへんな時間と労力が必要です。いまならまだ遅くありません。一人ひとりが主体的に目の前にある改憲問題に向き合うことが求められています。

＊

本書は自民党の党大会を受けての緊急出版ということで、極めて短時間で原稿を書きあげる必要がありました。そのために、本文では詳しく検討することができなかった課題があります。それは、この憲法がいったい誰をまもってきたのか、言い換えると誰がまもられてこなかったのかという点です。少しこの点を補足しておきたいと思います。

憲法は「わが国全土にわたつて自由のもたらす恵沢を確保」すると書いています(前文一段)。全土というからには北海道から沖縄までのすべての地を指します。また国民か否かについても言及されていないことからわかるように、この社会に住むすべての者が「自由のもたらす恵沢」を受ける対象となるはずです。

残念なことに、現実はそうなっていません。例えば、沖縄では住民の反対の声を無視し、新基地建設が強行されています。また、日本の各地で運営されている朝鮮学校は、高校無償化政策のなかでその適用外とされています。新基地建設反対運動への反発や北朝鮮脅威論の高まりにより、社会では沖縄住民や在日コリアンに対するヘイトスピーチがあふれています。この憲法の下で、これらの人々を含む一部の人々が露骨なまでに人権をないがしろにされ、極めて危険な状態に置かれているということです。こうした状態が続く限り、「全土にわたつて自由のもたらす恵沢を確保」することはできません。

また、安倍首相は政権に反対する人々のことを「こんな人たち」と愚弄する発言をしたことがあります。これは、権力者にとって好ましくない者を排除することを意図する発言です。つまり、この社会では権力者の思惑に応じて、誰もが〈こんな人たち〉(=マイノリティ)にされる可能性が常にあることを意味しています。基本的人権の尊重を謳う憲法がある国で、こうした状況が起きていること自体が異常事態です。この社会の喫緊の課題として、指摘しておきたいと思います。

＊

最後になりましたが、ブックレット第一弾に続き本書の出版と編集作業を快くお引き受けくださった現代人文社の成澤壽信さん、至急のお願いであるにもかかわらず絵を描いてくださった画家の千光一さん、たいへんお忙しいにもかかわらずインタビューに応じてくださった山城博治さん、山城さんとの仲介の労をとってくださった北海道平和運動フォーラム共同代表の長田秀樹さん、および前回に続きご助言をくださった北海道新聞記者の森貴子さんと荒谷健一郎さんに、この場を借りて厚く御礼申し上げます。

2018年4月12日

編者を代表して　清末愛砂

編者・執筆者プロフィール（五十音順）

＊印は編者

飯島滋明（いいじま・しげあき）＊
名古屋学院大学経済学部教授。1969年生まれ。専門は、憲法学、平和学、医事法。主な著作に、『Q&Aで読む日本軍事入門』（共編著、吉川弘文館、2013年）、『すぐにわかる集団的自衛権ってなに？』（共著、七つ森書館、2014年）、『憲法未来予想図』（共著、現代人文社、2014年）、『これでいいのか！日本の民主主義——失言・名言から読み解く憲法』（編著、同社、2016年）、『安保法制を語る！自衛隊員・NGOからの発言』（編著、同社、2016年）、『緊急事態条項で暮らし・社会はどうなるか』（編著、同社、2017年）などがある。

池田賢太（いけだ・けんた）＊
弁護士（札幌弁護士会）。1984年生まれ。南スーダンＰＫＯ派遣差止訴訟弁護団事務局長。主な著作に、『北海道で生きるということ』（共著、法律文化社、2016年）、『緊急事態条項で暮らし・社会はどうなるか』（共著、現代人文社、2017年）などがある。

石川裕一郎（いしかわ・ゆういちろう）＊
聖学院大学政治経済学部教授。1967年生まれ。専門は、憲法学、比較憲法学、フランス法学。主な著書に、『現代フランス社会を知るための62章』（共著、明石書店、2010年）、『リアル憲法学〔第2版〕』（共著、法律文化社、2013年）、『憲法未来予想図』（共著、現代人文社、2014年）、『国家の論理といのちの倫理』（共著、新教出版社、2014年）、『それって本当？：メディアで見聞きする改憲の論理Q&A』（共著、かもがわ出版、2016年）、「市民的自由と警察の現在：『スノーデン・ショック後』の監視社会と国家」（法学セミナー742号〔2016年〕）、『緊急事態条項で暮らし・社会はどうなるか』（編著、現代人文社、2017年）などがある。

岩本一郎（いわもと・いちろう）
北星学園大学経済学部教授。1965年生まれ。専門は、憲法学。主な著作に、『はじめての憲法学（第3版）』（共著、三省堂、2015年）、『絵で見てわかる人権（新版）』（単著、八千代出版、2017年）、『世界の人権保障』（共著、三省堂、2017年）などがある。

榎澤幸広（えのさわ・ゆきひろ）
名古屋学院大学現代社会学部准教授。1973年生まれ。専門は、憲法学、マイノリティと法、島嶼と法。主な著作に、「公職選挙法８条への系譜と問題点」（名古屋学院大学論集社会科学篇47（３）〔2011年〕）、石埼学、遠藤比呂通編『沈黙する人権』（共著、法律文化社、2012年）、石埼学、押久保倫夫、笹沼弘志編『リアル憲法学〔第２版〕』（共著、法律文化社、2013年）、『憲法未来予想図』（編著、現代人文社、2014年）、『これでいいのか！日本の民主主義——失言・名言から読み解く憲法』（編著、同社、2016年）、『緊急事態条項で暮らし・社会はどうなるか』（編著、同社、2017年）などがある。

清末愛砂（きよすえ・あいさ）＊
室蘭工業大学大学院工学研究科准教授。1972年生まれ。専門は、憲法学、家族法。主な著作に、ジェンダー法学会編『講座　ジェンダーと法　第３巻　暴力からの解放』（共著、日本加除出版、2012年）、戦争をさせない1000人委員会編『すぐにわかる　戦争法＝安保法制ってなに？』（共著、七つ森書館、2015年）、『北海道で生きるということ』（編著、法律文化社、2016年）、『これでいいのか！日本の民主主義――失言・名言から読み解く憲法』（共著、現代人文社、2016年）、『安保法制を語る！自衛隊員・NGOからの発言』（編著、同社、2016年）、『緊急事態条項で暮らし・社会はどうなるか』（編著、同社、2017年）などがある。

渡邊　弘（わたなべ・ひろし）
鹿児島大学共通教育センター准教授。1968年生まれ。専門は、憲法学、法教育論、司法制度論。主な著作に「『国民の司法参加』『裁判員制度』の教育をめぐる課題」（憲法理論研究会編『憲法理論叢書⑲政治変動と憲法理論』〔2011年〕）、「法を学ぶ者のための法教育入門」（法学セミナー662号〔2010年〕）、『緊急事態条項で暮らし・社会はどうなるか』（共著、現代人文社、2017年）などがある。

GENJIN ブックレット68
自民党改憲案にどう向きあうか

2018年５月20日　第１版第１刷発行

編著者　清末愛砂・石川裕一郎・飯島滋明・池田賢太
発行人　成澤壽信
発行所　株式会社現代人文社
〒160-0004 東京都新宿区四谷2-10八ッ橋ビル７階
振替 00130-3-52366
電話 03-5379-0307（代表）
FAX 03-5379-5388
E-Mail henshu@genjin.jp（代表）／hanbai@genjin.jp（販売）
Web http://www.genjin.jp
発売所　株式会社大学図書
印刷所　株式会社ミツワ
ブックデザイン　Malpu Design（陳湘婷）
表紙装画　千光一

検印省略　PRINTED IN JAPAN　ISBN978-4-87798-703-9　C0036
© 2018 Kiyosue Aisa Ishikawa Yuichiro Iijima Shigeaki Ikeda Kenta

本書の一部あるいは全部を無断で複写・転載・転訳載などをすること、または磁気媒体等に入力することは、法律で認められた場合を除き、著作者および出版者の権利の侵害となりますので、これらの行為をする場合には、あらかじめ小社また編集者宛に承諾を求めてください。